KB217107

개벽의 성지
한반도

8

본서는 안경전 종도사님이 2018년(道紀 148년) 4월 22일(陰 3월 7일), 군산 새만금컨벤션센터에서 열린 '개벽문화 북콘서트'에서 강연하신 내용입니다.

STB상생방송 개벽문화 북콘서트 [군산편]

개벽의 성지聖地, 한반도

발행일	2021년 1월 4일 초판 1쇄
저 자	안경전
발행처	상생출판
발행인	안경전
주 소	대전 중구 선화서로 29번길 36(선화동)
전 화	070-8644-3156
F A X	0303-0799-1735
홈페이지	www.sangsaengbooks.co.kr
출판등록	2005년 3월 11일(제175호)
ISBN	979-11-90133-92-0

Copyright ⓒ 2021 상생출판

개벽의 성지 한반도

인간으로 오신 성부 하느님의
새 희망의 약속, **개벽!**

안경전 | 지음

상생출판

　도대체 삶이란 무엇인가? 사람은 어디서 와서 무엇을 위해 살아가는가? 저 광대한 우주는 또 어떻게 생겨났는가? 당장 우리는 지금 어떤 시대를 살아가고 있는가? 아무리 문명이 발달해도 인류는 언제나 삶과 죽음의 한계를 뛰어넘는 대도大道 진리를 갈구해 왔습니다. 그렇다면 인류가 갈구해 온 진리에 대한 답은 도대체 어디에 있을까요?

　160여 년 전 이곳 동방 땅, 한반도에서 마침내 근대사의 진정한 출발점이 되는, 새 세상, 새 역사를 알리는 한 소식이 선포되었습니다. 그것은 바로 일찍이 저 유라시아 대륙에 환국桓國이 세워지고 배달倍達과 단군조선을 거쳐 오늘날 대한민국까지 면면한 9천 년 역사에서 한민족이 받들어온 이 우주의 주재자 천주님, 곧 **천상의 상제님께서 우리가 살고 있는 바로 이 땅에 강세하여 새 세상을 여신다는 '다시 개벽' 선언**입니다.

　이제 '다시 개벽'입니다. 태고시절 자연과 문명이 개벽되어 선천 5만 년 세월이 흘렀고, 이제 새로운 후천 5만 년 역사가 열리는 것입니다. 지금까지 인류가 일구어 온 문명사가 총체적으로 마무리되고 새로운 후천 통일문명 시대가 시작됩니다.

　열 개開, 열 벽闢. 개벽이란 무엇일까요? 개벽이란 천개지벽天開地闢, 천지개벽天地開闢의 줄임말로, 모든 것이 새롭게 열려 나간다는 뜻입니다. 그것은 **하늘땅과 인간과 신명세계, 곧 삼계三界** 우주가 굴러가는 시간 질서가 선천 상극의 갈등과 원한,

5

분열의 세상에서 장차 후천 상생의 조화와 성숙, 통일의 시간 대로 일대 전환한다는 것입니다. 천지 질서가 요동치는 거센 시련을 넘어 마침내 인류가 새 세상을 건설한다는 생생한 희망의 메시지, 그것이 선후천 개벽관, 신명나는 개벽 세상 이야기입니다.

더욱이 한반도의 서쪽 관문이요, 백제 문화의 고장인 군산은 선천개벽이 시작되고 끝맺음 되는 후천 5만 년 개벽문화의 성지聖地입니다. 무엇보다도 군산은 일찍이 창세문명과 역사를 열어젖힌 환국과 배달의 우주광명 문화와 삼신문화, 신교문화라는 위대한 전통과 정신문화가 깃든 땅입니다. 환국과 배달의 국통國統을 계승한 단군조선의 서쪽 왕국인 번조선의 마지막 왕, 준왕이 군산으로 내려와 나라의 터전을 삼았기 때문입니다. 군산에 있는 왕이 오신 산이란 뜻인 어래산御來山이 그 역사를 드러내고 있습니다. 또 삼신三神 곧 하늘의 주인이신 천주님이 강세하신다는 뜻인 삼신산三神山도 환국 이래 면면히 내려온 삼신문화, 신교문화의 상징인 것입니다.

백제 이전에 마한이라 일컬어진 전라도는 장차 '미륵께서 오신다'는 염원을 실현해 가는 미륵신앙의 중심지이기도 합니다. 이곳에서는 불교 3천 년 역사에서 가장 열정적인 구도자로서 미륵부처에게 직접 신앙의 증표를 내려 받은 진표眞表 대성사(734~?)가 나왔고, 그가 세운 미륵신앙의 성전인 금산사를 통해 미륵불이 이곳으로 오신다는 약속이 이루어졌습니다. 그리고 백제의 26세 성왕聖王(?~554)은 새 세상에 대한 염원을 담은 미륵신앙, 희망 가득한 미륵의 도道를 바다 건너 일본까지 전

전북 김제시 금산면

金山寺
금산사

전북 익산시 금마면

彌勒寺
미륵사

했습니다. 성왕의 4대손인 30세 무왕武王(?~641)은 삼신문화와 신교문화가 녹아든 미륵신앙의 결정체이자 세계에서 가장 큰 미륵 사찰인 미륵사를 조성했습니다.

그리고 근세에 이르러 드디어 강세하신 미륵불 강증산姜甑山 상제님께서는 전라도 군산 앞바다에서 서해를 오르내리시며 개벽기에 새 세상을 여는 대역사大役事를 보시었습니다. 더더욱 놀라운 것은 **군산은 이제 동방 땅 한반도에서 장차 개벽의 시작을 알리는 큰 기운, 곧 '가을바람[金風]'이 처음 불어 들어오는 크나큰 비밀을 간직한 곳이라는 것입니다.** 가깝게는 한민족의 남북통일 시대, 멀게는 인류의 통일문명 시대를 열어젖히는 우주의 가을바람, 개벽의 가을바람이 이제 곧 군산으로 들어옵니다. **'모든 진리는 이곳 한반도에서 매듭지어지고 다시 이 땅에서 열려 나간다'는** 성언호간成言乎艮과 종어간시어간終於艮始於艮의 꿈이 성취되는 약속의 땅이 바로 군산입니다.

그렇다면 개벽이 오는 이치는 과연 무엇이며 또 실제로 어떻게 오는 것일까요? 그리고 천지질서가 크게 둥글어 가는 섭리는 무엇일까요? 이 모든 이야기를 다 담고 있는 큰 틀, '우주 1년' 이야기로 이제 여러분과 소중한 진리의 여정을 시작하려 합니다.

전 세계를 신종 전염병이 세차게 휩쓸어, 나와 소중한 가족과 지인들의 삶이 흔들리고 지역경제의 환경이 무너져서 살림살이가 압박당하여 당장 생존 문제가 급박하지만 우리는 개벽의 파고波高를 넘어 후천 5만 년 새 세상의 주역으로 우뚝 서리라 확신합니다. 가을 개벽의 모든 것, 나아가 '우주 1년' 순환

질서로 둥글어 가는 하늘과 땅과 인간의 근본 이치를 크게 깨달아 다가오는 후천선경, 조화낙원의 주인공으로 모두 거듭나기를 온 마음으로 축원합니다.

환기 9217년, 신시개천 5917년, 단군기원 4353년,
서기 2020년 12월 24일
안 경 전安耕田

• 목차 •

후천개벽으로의 초대

천지간에 인간이 태어난 지 수백만 년이 지났습니다. 인류는 그동안 좋은 세상을 바라는 꿈과 열정으로 마침내 놀라운 문명을 이루었습니다. 그러나 신종 전염병, 대지진, 쓰나미, 화산폭발, 홍수, 가뭄 등 대재앙은 오히려 갈수록 빈번히 지구촌을 강타하고 있습니다. 인간의 역사는 곧 전쟁의 역사라 할 만큼 참혹한 전쟁이 끊이지 않았고 오늘 이 순간도 지구촌 곳곳에서 전쟁의 비극이 지속되고 있습니다. 새로운 질병과 역병이 전 세계를 엄습하고 크고 작은 테러와 참사가 잇따르며 지구촌에 고통을 더하고 있습니다. 인간의 문명은 질주하는데 지구 생태계는 심각하게 무너지고 수많은 사람들이 질곡桎梏에서 신음하고 있습니다.

사람들은 보다 나은 세상을 꿈꾸는데 눈물과 비극이 끊이지 않는 것은 무엇 때문일까요? 그 어떤 사상, 철학, 종교도 인류가 안고 있는 심각한 근본 문제가 무엇인지, 지구촌 운명이 어떻게 전개될 것인지 선명한 대답을 내놓지 못하고 있습니다.

질주하는 현대문명의 목적지, 인류의 내일은 어떤 모습일까요? 이 문제에 대한 명쾌한 대답이 백여 년 전 우리 동방 땅에서 선포되었습니다. 바로 19세기 말 동학문명에서 선언한 '다시 개벽' 소식과 그 꿈을 실현해 나가는 증산도의 무극대도無

極大道, 후천개벽後天開闢, 후천선경後天仙境의 놀라운 소식입니다. 오늘의 첨단 문명이 다가오는 후천개벽의 대 사건을 통해 펼쳐질 후천 조화 선경 문명으로 새로 태어납니다. 현대문명의 절정을 구가하는 21세기 오늘, 왜 우리는 개벽 문화, 후천 선경 문명에 눈을 떠야 할까요? 바로 '개벽開闢' 두 글자에 나와 인류의 운명, 나와 지구촌의 미래상이 모두 담겨있기 때문입니다.

한국인은 자기 역사의 뿌리인 시원 역사만 잃어버린 것이 아닙니다. 외세의 횡포와 자신의 무지로 근대사마저 잃어버렸습니다. 이 때문에 한국 근대사의 진정한 출발점에서 선언된 현대문명의 화두, 후천개벽의 참뜻이 제대로 알려지지 못했습니다. **개벽은 인류 시원 역사로부터 근대 역사를 관통하는 9000년 인류 문명의 중심 주제입니다.**

과연 개벽이 전하는 새 세상의 참뜻과 실상은 무엇일까요? 개벽시대 진리가 인류에게 제시하는 진정한 메시지는 무엇일까요? 이제 '개벽문화 북콘서트'로 여러분들께 후천개벽 소식과 개벽문화의 전 면모를 밝히고 개벽으로 열리는 상생의 세상, 희망의 새 문명 이야기를 전하고자 합니다. **우리는 후천개벽, 후천선경이라는 새 소식에 눈을 떠서 모든 것이 달라지는 개벽에 대비해야 합니다.** '참된 나'로 거듭나는 후천 개벽문화 탐험의 소중한 여정에 여러분이 함께하시길 소망합니다.

'군산 개벽문화 북콘서트'
1부 영상 시청하기

제1부

개벽은

새 희망의 언어

고군산군도古群山群島
본래 군산群山은 고군산군도에 있는 선유도仙遊島를 지칭하던 이름으로, 선유도의 본래 이름이 군산도였다. 조선 때 수군 진영인 군산진이 진포(지금의 군산)로 옮겨지면서 기존의 군산도(선유도)가 고군산이 되었다.

군산 개벽문화 북콘서트의 의미

오늘 '군산 개벽문화 북콘서트'에 와 주셔서 감사합니다.

개벽開闢이란 무엇일까요? 지난 1만 년의 오랜 세월 속에서 우리 인류와 조상님들은 개벽의 뜻을 어떻게 온몸으로 사무치게 체험했을까요? 그리고 선조들이 우리들에게 남겨 준 개벽문화의 소중한 큰 깨달음은 과연 무엇일까요?

오늘 북콘서트를 통해 개벽의 의미를 알고, 개벽을 넘어 어떤 새로운 세계가 우리 모두를 기다리고 있는지 깨닫는 소중한 시간되시기 바랍니다. 그리고 우리들의 새 역사 이야기이자 모든 한국인의 통일 이야기를 통해 우리 삶과 존재의 궁극적인 의미를 함께 체험하게 되길 소망합니다.

오늘은 무엇보다도 앞으로 닥쳐올 자연개벽의 큰 시련을 넘어 인류가 진정으로 학수고대해 온 후천 선경세계, 후천 지상천국의 이야기를 공유하고자 합니다. 그리고 우리 주변에서 언제 닥칠지 모르는 재난과 순간적으로 부닥치게 되는 여러 가지 자연재앙을 잘 극복할 수 있도록 깨어 있는 마음을 갖는 시간이 되길 바랍니다.

마지막으로 오랜 역사·문화의 수수께끼와 이루 말할 수 없는 신비로움을 간직한 신성한 땅, 전라도 군산에서 갖는 '개벽문화 북콘서트'에서 영원히 잊지 못할 추억을 함께 만들길 바랍니다.

군산 땅의 역사적 의미 ; 상제님이 오신 땅, 전라도

군산 땅이 갖는 역사적인 의미를 먼저 살펴보면, 군산이 위치한 이곳 **전라도는 동학에서 선언한 천주님이 오신 땅, 하나님이 오신 땅입니다.** 본래 전라도는 천지가 생길 때부터 이 우주의 조화주 천주님, 하늘땅, 인간과 신의 세계를 다스리시는 천주님이 인간 세상에 오시기로 정해져 있던 곳입니다.

호남 전북에는 삼신산三神山이 있습니다. 고창 방장산方丈山이 좌우로 쭉 뻗어 올라가 왼쪽에 부안 변산邊山, 오른쪽에 정읍 두승산斗升山이 있고, 두승산의 맥을 따라서 지구의 기운이 시루산[甑山]에서 최종적으로 매듭지어집니다. 그리고 천주님께서 이 시루산 자락에 자리잡은 고부 객망리에 진주 강씨 성으로 오셨기 때문에 강증산姜甑山 상제님이라 합니다.

시루산[甑山] 예로부터 우리 민족은 제일 높은 산을 시루산, 각 지역에 있는 주산主山의 높은 봉우리를 시루봉이라 불렀다. 그래서 한민족의 성산聖山인 백두산의 별칭 또한 시루산이고, 지금도 전국에 수많은 시루봉이 있다. 이처럼 가장 높은 산이란 뜻이 있는 상제님의 도호인 증산(시루산)은 우주 주재자의 신격과 도격을 드러낸다. 시루는 모든 미성숙한 것을 익히므로, 상제님의 무극대도로 선천의 인류와 문화, 종교 등 모든 것을 성숙시키고 완성시키는 의미가 있다.

군산 일대의 덮펑이 공사

전라도 군산은 한때 조선 사람보다 일본 사람이 더 많이 살던 곳입니다. 그리고 이곳은 호남의 곡창 지대로, 앞으로 개벽이 되고난 후에도 지구의 아주 큰 곡창 지대가 됩니다.

또 군산은 천주님의 '덮펑이 공사'에 따라서 김제, 만경 쪽을 막아 지구에서 제일 큰 간척지가 되었습니다. 덮펑이 공사가 실현된 새만금 간척지의 넓이는 무려 여의도의 140배, 서울 면적의 3분의 2나 됩니다. 이렇게 상제님께서 100여 년 전에 보신 개벽공사가 이루어져서, 오늘 우리가 이곳에서 '군산 개벽문화 북콘서트'를 갖게 되었습니다.

옥구 일부와 김제 만경은 육지 된다

하루는 태모님께서 말씀하시기를 "옥구 앞을 흐르는 만경강이 막혀서 농토로 바뀔 것이다." 하시고 또 만경 쪽을 가리키며 말씀하시기를 "옥구 일부와 김제 만경은 덮펑이 공사가 있어 저쪽은 앞으로 다 육지가 된다." 하시니라. (『도전』 11:261)

년도	한국인		일본인		외국인		전체	
	호수	인구	호수	인구	호수	인구	호수	인구
1910	869	3,830	904	**3,448**	25	95	1,825	7,373
1913	1,278	5,197	1,242	**4,765**	26	82	2,546	10,044
1919	1,742	6,581	1,665	**6,809**	57	214	3,464	13,064

1910년대 군산 인구와 호수 통계 (출처: 군산부, 『군산부사』, 1935, pp.18~35)

군창은 천하의 큰 곳간이 된다

地有群倉地하니 使不天下虛라
지 유 군 창 지　　사 불 천 하 허

倭萬里 淸萬里에 洋九萬里나
왜 만 리 청 만 리　　양 구 만 리

彼天地는 虛하고 此天地는 盈하리라
피 천 지　허　　차 천 지　영

군창이란 땅이 있으니 천하를 비지 않게 하리라.

왜국 만 리 청국 만 리에 서양은 구만 리나

저 천지는 텅 비고 이 천지는 가득 차리라.

내 세상에는 군창이 천하의 큰 곳간이 될 것이니라.

(『도전』 5:143)

'새만금(새萬金)'이란 명칭은 김제金堤·만경萬頃 방조제를 더 크고 새롭게 확장한다는 뜻에서 예부터 '금만金萬평야'(김제·만경평야)라 일컬어 오던 '금만'이라는 말을 '만금'으로 바꾸고 앞에 '새'를 덧붙인 말이다. 간척지의 넓이는 서울시의 3분의 2(여의도 면적의 140배)에 이른다. 그래서 국토 면적이 10만 140㎢에서 10만 541㎢로 0.4%가 늘었다. 새만금방조제는 2010년 8월 2일, 세계에서 가장 긴 방조제로 기네스북에 등재되었다.

금 도수와 남조선 배 도수의 땅

『도전道典』4편 21장을 보면, 상제님께서 "서신西神*이 명命을 맡아 만유를 지배하여 뭇 이치를 모아 크게 이루나니 이른바 개벽이라."라고 하셨습니다. 상제님이 말씀하신 서신사명西神司命의 뜻은, **'이때는 서신이 천지의 이법을 맡아 인류 역사의 문화와 종교, 사상, 지혜를 모두 모아서 크게 이룬다, 가을 우주의 열매 진리로 새 세상을 연다'**는 것입니다.

그래서 군산은 인류에게 새 희망의 땅입니다. 이곳은 서신사명으로 오신 천주님이 앞으로 지구촌 인류가 하나 되고, 남북한이 하나 되는 '금 도수金度數'를 보신 곳이기 때문입니다. 금 도수는 참으로 쉽고 간명하면서도 끝없이 심원한 상제님의 개벽공사 주제입니다. 금金은 가을의 기운을 의미하며 또 수렴, 열매, 완성을 의미하므

'서신'은 서녘 서西 자에 하나님 신神 자로, 서신사명이란 '가을 우주를 열어 주시는 사명을 상제님이 스스로 맡으셨다'라는 뜻이다.

동백대교冬柏大橋는 전라북도 군산시와 충청남도 서천군 장항읍을 잇는 국도 제4호선과 제77호선의 다리이다. 2008년 9월 9일에 착공하여 2018년 12월 27일에 개통하였다. 다리 길이는 1,930m이고 연결도로까지 합한 총 길이는 3,185m이다.

로 우리는 금 도수를 '가을 개벽의 금메달을 따는 도수'라고
이야기하기도 합니다.

장암에서 금 도수를 보심

상제님께서 군산 바닷가에 이르시어 내성을 옆구리에
끼시고 바다 위를 걸어 서천 장암長岩으로 건너 가시거
늘 수부님과 성도들은 일렬로 상제님의 발자국을 밟으
며 뒤를 따르니라. 상제님께서 장암에 이르시어 금 도수
金度數를 보시니라. (『도전』 5:303)

상제님께서는 100여 년 전에 이곳 군산에서 금 도수를 보신
후, 여러 성도들을 데리고 조화造化로 바다 위를 걸어서 장암(現
서천 장항)으로 건너가셨습니다. 그때 상제님이 걸어가신 바다
그 수면 위로 이 동백대교가 놓이고 있는데, 올 겨울에 완공됩
니다.

그리고 군산은 '남조선 배 도수'의 출발점입니다. 앞으로 군

후천선경 건설의 푯대를
태전에 꽂으심

남북이 진정으로 한 형제가 되는
남조선배 도수를 보신 출발점, 영광의 땅

산에서 인천을 거쳐 서울로 해서 남북이 진정으로 한 형제가 되는 일이 일어나게 됩니다. 그래서 군산은 영광의 땅이요, 우리 한국인의 비극인 분단의 역사를 종결짓고 무궁한 새 희망과 은총 그리고 지혜를 받는 성역입니다.

태일의 역사와 문화를 간직한 곳

끝으로 군산은 단군조선 역사의 종통宗統 정신이 들어온 곳입니다. 배달국 말기의 혼란을 잠재우고 구환족九桓族을 다시 통일하여 조선을 건국한 단군왕검은 나라를 삼신三神의 원리에 따라 진한, 번한, 마한의 삼한三韓으로 나누어 다스렸습니다. 이후 22세 색불루 단군에 이르러 삼조선으로 국제를 고쳐서 진조선, 번조선, 막조선이 되었습니다.

그런데 BCE 194년에 이르러 대단군이 다스리는 진조선의 왼쪽에 있던 번조선에서 역사 강도인 연나라 장군 위만衛滿이 왕위를 찬탈하는 일이 벌어졌습니다. 하룻저녁에 나라를 빼앗긴 번조선의 74세 마지막 왕 기준箕準은 배를 타고 익산 어래산御來山으로 내려왔습니다. 그리고 얼마 안 있어 번조선의 탁

내용	연도
해모수, 북부여 건국	서기전 239년
단군조선 패망 (47세 고열가 단군 퇴위)	서기전 238년
준왕, 군산 어래산으로 망명	서기전 194년
주몽, 고구려 건국	서기전 58년
온조, 백제 건국	서기전 18년

卓 장군이 준왕을 따라 내려왔습니다. 준왕은 익산이 고향인 탁 장군을 내세워 익산 금마에 마한馬韓을 세웠고 탁 장군은 진왕辰王*이 되었습니다. 이로써 **마한은 남삼한의 중심국으로서 태일太一의 정신을 계승**하게 된 것입니다. 이처럼 군산은

진왕이란 '진한辰韓의 왕' 또는 '진국辰國(『삼국지』「한전韓傳」,『후한서』「동이전」 등에서 북삼한 시대의 진한을 대신하여 부르던 호칭)의 왕'을 뜻한다. 결국 진왕이란 대단군 또는 단군천황의 다른 말이다.

준왕과 탁장군이 세운 마한은 단군조선의 대륙삼한(또는 북삼한, 전삼한)의 마한이 아니라, 삼조선 체제가 무너진 후 진조선과 번조선의 유민들이 한반도 중부 이남으로 이주하여 세운 남삼한(중삼한 또는 후삼한)에 속한다. 이 마한이 남삼한의 중심국이 되었다. 한편 대륙삼한의 중심국은 진조선이으로, 해모수가 BCE 232년에 세운 북부여가 이 진조선을 계승하였다.

천주님이 호남 땅에 강세하신 소중한 배경인 태일의 역사와 문화를 간직하고 있습니다.

개벽문화의 진리 코드, 서신사명

오늘 '개벽문화 북콘서트'의 주제는 동학東學 문명과 참동학 증산도甑山道의 순수한 개벽 이야기입니다. 오늘의 주제 성구 는 『도전』 4편 21장인데, 앞으로 올 가을 개벽의 대의에 대한 상제님의 말씀입니다.

백보좌 하느님의 서신사명,
가을 대개벽의 심판과 구원

이때는 천지성공시대라. 서신西神이 명命을 맡아 만유 를 지배하여 뭇 이치를 모아 크게 이루나니 이른바 개벽 이라. 만물이 가을바람에 혹 말라 떨어지기도 하고 혹 성숙하기도 함과 같이 참된 자는 큰 열매를 맺어 그 수 壽가 길이 창성할 것이요 거짓된 자는 말라 떨어져 길이 멸망할지라. 그러므로 혹 신위神威를 떨쳐 불의를 숙청 肅淸하고 혹 인애仁愛를 베풀어 의로운 사람을 돕나니 삶을 구하는 자와 복을 구하는 자는 크게 힘쓸지어다.

(『도전』 4:21)

이곳 영광의 땅 군산에서 전하고자 하는 **개벽 문화의 진리 코드 한 가지는 바로 서신사명**西神司命입니다. 서신사명은 신의 세계를 비롯하여 대자연 정신의 근원과 직접 연관됩니다. 우

개벽開闢	
벽천闢天	개지開地
하늘이 열리고	땅이 열린다
아버지 天	어머니 地
천지부모 사상	

리가 서신사명을 제대로 깨치면 다가오는 새 세상의 진면목에 눈을 뜰 수가 있습니다.

결론은 '개벽'입니다. '가을 개벽'입니다. '천지에서 인간을 추수하는 가을 대개벽'입니다. 다시 말해서 '후천後天 대개벽'입니다. **현대문명사의 진정한 첫 출발 선언도 '개벽'입니다. 19세기 후반 이후 지속돼 온 동북아 역사 전쟁의 진정한 결론 주제도 개벽입니다.**

천개지벽天開地闢, 벽천개지闢天開地라 해서, 개벽은 동방 문명의 천지부모 사상에서 발원되었습니다. 개벽이란 천지개벽이라는 말 그대로 '천지의 때, 천지의 계절이 바뀌어서 모든 것이 새로워지는 대 사건'입니다. 그러므로 개벽은 종말의 언어가 아닙니다. 개벽은 새 희망의 언어입니다. 개벽보다 더 희망이 충만한 언어는 없습니다.

오늘 우리는 이곳 새 희망의 땅 군산에서 '개벽이란 과연 무엇인가?', '개벽은 어떤 이치로 다가오는 것인가? 천지의 이법으로 반드시 닥쳐오는 개벽을 위하여 무엇을 준비하며, 어떻게 행동할 것인가?' 하는 주제로 대도大道의 이야기를 나누고자 합니다.

개벽은 언제나 '자연개벽, 문명개벽, 인간개벽'이라는 세벌 개벽이 선후先後를 정확히 알 수 없이 일체가 되어서 다가옵니다. 쉬운 말로 **천지의 계절이 바뀌기 때문에** 자연개벽과 문명개벽, 인간개벽이 동시에 일어나는 것입니다. 이제 자연의 질서, 천지의 시간 질서가 바뀌는 때가 옵니다.

인류는 동서의 위대한 성자와 하늘에서 내린 영능력자들의 가르침 속에서 희미하게나마 개벽이 무엇인지, 그 근본을 알 수가 있었습니다. '개벽은 새로워짐이다, 창조적 파괴다, 창조를 위해 묵은 기운을 씻어내는 대혁신이다'라고도 하지만, 개벽은 새로움이나 거듭남 같은 단순한 희망의 언어가 아닙니다. '**개벽은 생명의 질서를 새로운 도약의 단계로 전환시키는 것**'입니다. 그래서 개벽은 정말로 흥미롭고 신명나며 우리 삶에 빛을 던져 주는, 우리의 존재 의미를 말할 수 없이 높이는 새 희망의 언어입니다.

우주의 질서, 도道와 도의 원 주인, 제帝

동방에서는 진리의 길, 생명의 길, 삶의 이상적인 참된 길을 도道라고 합니다. 후대로 오면서 이치理致, 이법理法이라는 이理를 표현하는 근원적이고 보편적인 언어로 쓰였습니다. 결국 **도는 '하늘땅과 인간, 삼계 우주의 변화 이법', '하늘땅과 인간 생성의 궁극적 근원'**이라고 정의할 수 있습니다. '도'라는 언어는 중국에서 먼저 서양으로 번역되어 나갔기 때문에 서양의 대형 서점을 가보면 책 제목에 'Tao'라는 말이 많이 쓰이고 있습니다.

그런데 노자, 장자 이후 도가道家 사상에서 도 문화의 근본 주제, '제帝'가 떨어져 나가버렸습니다. **제帝란 삼계의 변화 이법인 도의 질서를 인간의 삶과 문명 속에서 이루어지게 해 주시는 도의 원 주인**을 말합니다. 본래 도 문화의 근본 주제로서 도와 제의 관계를 진리의 두 눈동자, 진리의 음양 짝으로 가르쳐 왔습니다. 그리고 바로 이 우주질서의 원 주인이 천상 수도인 옥경玉京에 계시기 때문에 '상제上帝', '옥제玉帝', '천제天帝', '천신天神', '천주天主', 또는 옥황玉皇과 상제를 결합해서 '옥황상제님', 줄여서 '상제님'이라 불러왔습니다.

최수운 대신사와 천주님의 천상문답 사건

그런데 도의 원 주인, 하늘의 원 주인이신 천주님과 직접 문답한 대 사건, 천상문답 사건이 19세기 말 우리나라에서 일어

났습니다. 그 주인공은 바로 조선 왕조 마지막에 경주 땅에서 동학東學을 창도한 최수운崔水雲(1824~1864) 대신사입니다.

상제님께서 최수운 대신사에게 "개벽 후 오만 년에 네가 처음이로다."(『용담유사龍潭遺詞』「용담가」)라고 말씀하셨는데, 이 말씀은 왜 그토록 중요할까요? 인류문명사의 결정적 분기점이자 극적 전환의 계기를 선언한 이 말씀은 오늘 이 순간 천지 안에 함께 사는 인간과 신과 모든 생명에게 천주님이 전하신 가장 소중한 말씀이기 때문입니다. 그런데 동학이 '천도교'로 바뀌면서 그 근본 주제인 '시천주侍天主'가 '인내천人乃天'으로 뒤집어져서 왜곡되어 버렸습니다. 동학을 선언한 본래의 순수한 큰 뜻, 그 밑자리를 송두리째 잃어버린 것입니다.

그럼 다 함께 『동경대전東經大全』을 보겠습니다.

蓋自上古以來로 春秋迭代와 四時盛衰가
개자상고이래　춘추질대　사시성쇠

不遷不易하니 是亦天主造化之迹이 昭然于天下也라
불천불역　시역천주조화지적　소연우천하야

최수운 대신사의 호는 수운水雲, 존함은 우매한 중생을 모두 구제하겠다는 뜻인 제우濟愚이다. 1860년에 상제님의 성령에 감화되어 친히 상제님 말씀과 천명을 받은 천상문답 사건 이후 동학을 창도하였다. 대신사는 동학을 세워서 상제님의 강세와 12제국 괴질로 오는 다시 개벽, 상제님의 무극대도 세상의 도래를 선포함으로써 상제님이 강세하실 길을 예비하였다.

저 옛적부터 봄과 가을이 갈마들고, 사시가 성하고 쇠함이 옮기지도 아니하고 바뀌지도 아니하니, 이 또한 천주님의 조화의 자취가 천하에 뚜렷한 것이로되,

愚夫愚民은 未知雨露之澤하고 知其無爲而化矣러니
우부우민   미지우로지택   지기무위이화의

어리석은 사람들은 비와 이슬을 내리시는 은택(천주님의 조화)을 알지 못하고 그저 저절로 되는 것으로 아는구나.

不意四月에 心寒身戰하야 疾不得執症하고
불의사월   심한신전   질부득집증
言不得難狀之際에
언부득난상지제

뜻밖에도 (경신년 음력) 4월에 마음이 섬뜩해지고 몸이 떨려 병인 듯한데 증세를 알지 못하겠더라. 말로 형용하기 어려울 즈음에,

有何仙語忽入耳中하야 驚起探問則
유하선어홀입이중   경기탐문즉

홀연히 신선의 말씀이 들려오거늘 놀라서 일어나 공경히 여쭈니

曰勿懼勿恐하라 世人이 謂我上帝어늘
왈물구물공   세인   위아상제
汝不知上帝耶아
여부지상제야

상제님께서 말씀하시기를 "두려워 말고 겁내지 말라. 세상 사람들이 나를 상제라 이르나니 너는 어찌 상제를 모르느냐."

受我呪文하야 敎人爲我則 汝亦長生하야
수아주문　　　교인위아즉　여역장생

布德天下矣리라
포덕천하의

나의 주문을 받아 나를 대신해서 사람들을 가르치면 너
역시 장생하여 천하에 덕을 펼칠 수 있으리라.

(『동경대전』「포덕문」)

이 말씀을 정리해 보면, 말씀 속의 소중한 큰 뜻이 우리 가슴
에 스미도록 각성하게 됩니다. **세상에서 일어나는 자연 현상,
즉 눈이 내리고 비가 오고 파도가 치고 바람이 부는 모든 현
상의 궁극의 주재자는 천주님입니다.** 그런데 '우부우민愚夫愚
民 미지未知', 세상의 어리석은 백성들은 모르고 있습니다. 바로
'천주조화지적天主造化之迹 소연우천하야昭然于天下也라', 천주 조
화의 자취가 하늘 아래 밝게 비치고 있다는 것을 말입니다. 결
론적으로, 우매한 세상 사람들은 자연의 변화 질서가 천주 조
화의 자취라는 것을 모르고 다만 자연 자체의 공력인 무위이
화無爲而化로만 알고 있다는 말씀입니다.

천주학의 원류이자 결론, 동학

동학은 천주학의 원류입니다. 동학은 천주학 문화의 진정한
근본이요 결론입니다. 1860년 음력 4월 5일, 천상에 계신 천
주님과 직접 문답한 최수운 대신사는 그 내용을 고백록으로
기록하였습니다. '경기탐문즉驚起探問則', 어디서 홀연히 신선의
말씀 같은 것이 들려와서 대신사가 놀라서 일어났더니 상제님

께서 '물구물공勿懼勿恐 하라', "두려워하지 마라." 그리고 "나는 세상 사람들이 태고로부터 불러왔던 상제로다. 너는 어찌 구도자로서 상제를 모르느냐?"라고 말씀하셨습니다.

'천상의 하나님'을 한자로는 '상제上帝'라 합니다. 상제의 '제'는 '하나님 제帝 자'인데, 지금은 창세 역사의 원형 문화를 잃어버려서 일반 학자나 모든 학인들이 '임금님 제 자'로 알고 있습니다. 이렇게 천지의 원 주인이신 천주님이 **'천주가 상제님이고 상제님이 본래 천지의 주인이다'**라는 가르침을 내려 주신 것입니다.

그 다음에 '수아주문受我呪文 교인위아敎人爲我 여역장생汝亦長生 포덕천하의布德天下矣'로, 상제님께서는 최수운 대신사에게 '내가 주문을 내려 주니 나를 위해, 나를 대신해서 '천지의 원 주인이 동방의 이 땅에 인간으로 오신다'는 것을 가르쳐라. 새로운 진리와 새로운 역사 시대를 네가 선언해라. 그러면 포덕천하하게 하리라'라고 하셨습니다.

천지의 원 주인인 우주의 통치자 하나님께서 'My mantra! 내 주문을 받아라. 내가 직접 지은 이 우주의 노래를 받아서 나를 대신해 가르쳐라'라고 '나'를 두 번이나 강조하셨습니다. '내 주문을 받으라'는 말씀은 무슨 뜻일까요? 그것은 **'이제 인류 역사는 내가 친정親政, 직접 다스린다. 내가 이제 인간 역사에 직접 개입해서 모든 걸 바로 세운다'**는 뜻입니다.

천주天主 = **상제上帝**
천지의 원 주인   천상의 하느님

동학 주문은 '시천주侍天主 조화정造化定 영세불망만사지永世不忘萬事知' 열 석 자와 천주 아버지의 가을 개벽 기운을 받는 '지기금지원위대강至氣今至願爲大降' 여덟 자로, 총 스물 한 자입니다. 우리가 천주 아버지께서 자작하신 주문, 가을 우주의 노래를 함께 부를 때 인류의 역사가 '아들의 시대'에서 '아버지의 시대'로 바뀝니다. 대자연의 전환기인 가을 개벽기를 맞이해서 자연과 문명, 인간 한 사람 한 사람의 삶 자체와 목적이 근본적으로 바뀌는 것입니다. 시천주 조화정 영세불망만사지!

그리고 동학에서는 "십이제국 괴질 운수 다시 개벽 아닐런가."(『용담유사』 「몽중노소문답가」)라고 선언했습니다. 앞으로 삶의 문제는 병란입니다. 괴질병! 이것이 '다시 개벽'입니다.

> 개벽 후 오만 년에 네가 또한 첨이로다.
> 무극대도 닦아내니 오만년지 운수로다.
>
> (『용담유사』 「용담가」)

또 동학 문명은 지나온 인류 문명사의 전체 시간대를 '개벽 후 오만 년'으로, 앞으로 오는 새로운 인류 역사의 시간대를 '오만년지五萬年之 운수運數'라 해서 과거사와 미래사를 크게 전기 오만 년과 후기 오만 년으로 이야기하고 있습니다.

새로워지기 위한 자연의 본성, 개벽

'군산 개벽문화 북콘서트'에서 여러분들께 전하고자 하는 대의는 '우주 1년'과 '가을 개벽'입니다. 그런데 그 배경 속에 흐르는 거대한 변화의 손길은 '서신사명西神司命'입니다.

　개벽은 1년 전보다는 올해, 지난겨울보다 올봄에 진정으로 더 새로워지기 위해 일일신우일신日日新又日新하는 자연의 본성입니다. 그렇기 때문에 개벽은 지구를 넘어서 우주의 1년 사계절에도 존재하고 있습니다. 우리가 일일신우일신하는 대자연처럼 진정으로 거듭나고 새로워지기 위해서는 삶의 가장 소중한 덕목과 가치에 진실로 크게 깨어 있어야 됩니다. **앞으로 개벽 세상에서 진정으로 성공하는 사람은 깨어 있는 사람입니다.**

　그러면 다 함께 깨어 있기 위해서 자연재해를 소재로 한 영화를 소개할까 합니다. 하나는 중동 두바이에 쓰나미가 밀려오는 내용의 「지오스톰」인데, 과학적 근거를 가지고 제작한 영화라고 합니다. 다른 하나는, 한 아버지가 어린 두 아들과 함께 가공할 위력의 토네이도를 만나는 장면을 담은 「허리케인 하이스트」라는 영화입니다.

　두 영화를 보면서 무엇을 느끼셨나요? 자연의 변화 손길에는 우리들이 가진 도덕관념이나 선악과 시비가 없고, 어린이와 노인에 대한 연민이나 동정 같은 것도 전혀 없습니다. 그냥 대자연의 변화 현상일 뿐입니다. 그러나 자연 변화가 주는 충격은 마치 종말처럼 너무도 순간적이고 강렬하기 때문에 모든 것을 일순간에 파괴해 버립니다. 우리는 이런 사건을 뉴스에서 날마다 보고 듣습니다. 그러기 때문에 이러한 자연의 변화 현상 속에서 올바른 정보를 가지고 깨어서 미리 대처하는 것은 너무도 중요한 일입니다.

　그래서 오늘 본론의 첫째 이야기는 우주 1년과 가을 개벽이

영화 「지오스톰Geostorm」
(2017년, 딘 데블린 감독)

가까운 미래, 기후변화로 말미암아 지구에 갖가지 자연재해가 속출한다. 이에 세계 정부 연합은 더 큰 재난을 예방하기 위해 날씨를 조종할 수 있는 '더치보이 프로그램'을 개발한다. 하지만 프로그램에 문제가 생기고, 두바이의 고층건물을 휩쓴 초대형 쓰나미와 홍콩 거리의 용암 분출, 브라질 리우데자네이루 길에 서 있던 사람이 순식간에 얼어붙는 혹한, 모스크바의 폭염까지, 세계 곳곳에서 가공할 기상이변이 일어나자 주인공 형제가 지구의 위기를 막으려 한다.

영화 「허리케인 하이스트The Hurricane Heist」
(2018년, 롭 코언 감독)

기상학자인 동생 윌이 최악의 허리케인 속에서 은행강도 범죄조직에 인질로 잡힌 형을 구하는 내용이다.

영화 초반부에 어린 주인공 형제는 허리케인이 닥쳐서 아버지를 잃는다. 허리케인에 부서져 가는 집 안에 갇힌 두 소년은 대자연의 위력 앞에 아무것도 하지 못하고 그저 무서움에 떨 뿐이다.

워너브러더스 공식 트레일러 보기

고 둘째는 가을 천지개벽 공사, 다시 말해 개벽 실제상황입니다. 그리고 마지막은 춘생추살春生秋殺과 인간 개벽, 그리고 이 모든 것을 극복할 수 있는 천지조화天地造化 태을주太乙呪 공부입니다.

그러면 본론의 첫째 이야기, 지난 1만 년의 우주관에 대한 깨달음의 결정체이자 진리의 눈동자에 해당하는 '우주 1년 이야기'와 그 속에서 전하는 '다가오는 가을 개벽 이야기'를 정리해 보겠습니다.

'군산 개벽문화 북콘서트'
2부 시청하기

군산 개벽콘서트 2부

제2부

우주 1년과 가을개벽

군산항과 대사산大師山

상제님께서 이곳 대사산에 오르시어 군산항을 드나들던 배를 구경하시다가, 짐을 가득 싣고 떠나는 화물선까지 단숨에 날아가서 선체를 좌우로 기울이시는 등 개벽공사를 보셨다.

동서양 성자와 영능력자들이 전하는 가을개벽 소식

사실 선천 유·불·선·서교의 성자들도 인류 구원의 총 결론으로 가을개벽에 대해서 한 마디씩 했습니다.

또 위대한 영능력자들도 표현은 다를지라도 마치 약속한 것과 같이 이구동성으로 이야기하고 있습니다. 대개 기상이 갈수록 더 나빠진다는 것을 강조하며 하늘에서 내려 주는 질병이 온다, 이름을 알 수 없는 괴질, 병란이 온다, 우주의 별자리가 바뀐다는 내용도 말합니다.

선천 성자들이 전한 가을 개벽과 인류 구원론의 결론

| 불교 |

自他國兵起 曜入非常宿 大地普震動… 時氣多疫病…
자 타 국 병 기　요 입 비 상 수　대 지 보 진 동　　시 기 다 역 병

타국에서 전쟁이 일어나며 일월성신이 떨어지고 별들이 제 자리를 찾지 못하고, 대지는 모두 진동하며… 그 때 온갖 역병이 창궐하며… (『월장경月臟經』「법멸진품法滅盡品」)

| 기독교 |

Then I saw a new heaven and a new earth, for the first heaven and the first earth had passed away, and there was no longer any sea.

내가 새 하늘과 새 땅을 보니 처음 하늘과 처음 땅은 없어졌고 바다도 다시 있지 않더라. (「요한계시록」 21:1)

| 유교 |

帝出乎震　상제님께서 동방 땅에 오신다.
제 출 호 진　(『주역周易』「설괘전說卦傳」)

동서양 영능력자들의 공통 메시지

밝은 영성을 지닌 동서양 영능력자들은 우리에게 중차대한 한 소식을 전했다. 당대의 최고 지성인이자 선각자들이 남긴 위대한 예언의 공통된 메시지는 무엇일까? 그것은 크게 세 가지로 정리할 수 있다.

첫째, 우주의 질서가 전환하는 큰 변혁이 온다.

둘째, 이때는 궁극의 절대자가 인간 세상에 강세하신다. 그분의 도법으로 인류가 구원을 받는다.

셋째, 인류가 꿈꾸던 유토피아, 말로 다할 수 없는 지상 천국이 열린다.

영능력자들은 첫째로 '지구촌에 찾아오는 큰 변국'을 이렇게 말했다.

1. 미셸 노스트라다무스Michel Nostradamus(1503~1566)

노스트라다무스는 인류문화사에서 가장 지성이 높은 서양의 대표적인 영능력자였다. 어린 시절, 조부와 외조부에게 의학, 철학, 점성학 등의 기초를 닦고 12세에 라틴어, 히브리어, 그리스어 공부를 마친 후 아비뇽 대학에서 철학과 법학을 공부하고 몽펠리에 대학에서 의학을 공부했다. 그곳에서 3년 동안 교수를 지낸 노스트라다무스는 문학과 수학, 점성술에도 뛰어났으며 동양의 음양오행사상과 정합하는, 천문을 바탕으로 한 예언을 남겼다. 하늘과 땅의 운행법칙인 우주원리 정신으로 봐야만 인류 역사의 운명이 전환되는 흥미로운 예언을 온전히 이해할수 있다. 그의 예언 중 눈 여겨 볼 핵심 내용을 살펴보면, 다음과 같다.

떠나라, 떠나라, 모두 쥬네브를 떠나라. "황금의 사투르누스'가 '쇠'로 변하리라. '레이포즈'에 반대하는 자는 모두 절멸되리라. 그 전에 '하늘은 징조'를 보이리라. (『백시선百詩選』(Les Centuries) 9:44)

볼스크들의 파멸은 두려움에 떨 만큼 참혹하니 그들의 거대한 도시는 치명적인 질병으로 오염되리라. (『백시선』 6:98)

무서운 전쟁이 서양에서 준비되면 다음해에는 돌림병이 찾아오리라. 너무도 두려워하리라, 젊은이도, 늙은이도, 동물도. (『백시선』 9:55)

1999 일곱 번째 달 하늘의 공포의 대왕이 내려오리라. 앙골무아의 대왕이 부활하리라. (『백시선』 10:72)

과거와 함께 현재 시간은 위대한 조비알리스트에 의해 심판을 받으리라. (『백시선』 10:73)

2. 격암格庵 남사고南師古 (1509~1571)

남사고는 조선 중종 때 경상북도 울진에서 태어났다. 어릴 때 책을 짊어지고 울진 불영사佛影寺를 찾아가다가 한 도승을 만나 비술祕術과 진결眞訣을 전해 받고 도道를 통했다. 천문, 지리, 인사에 달통한 당대 최고의 지식인 남사고는 천문교수를 역임하고 『주역』을 깊이 연구하여 우주원리에 부합하는 놀라운 예언을 남겼다.

해와 달이 빛을 잃어버리고 어두운 안개가 하늘을 덮는구나. 예전에 찾아볼 수 없는 대천재로 하늘이 변하고 땅이 흔들리며 불이 날아다니다가 땅에 떨어진다. 삼재

팔난이 함께 일어나는 이때에 세상 사람들아, 그대들은 때를 알고 있는가. (『격암유록格菴遺錄』「가사총론歌辭總論」)

귀신 신장들이 날아다니며 불을 떨어뜨리니 조상이 천이 있어도 자손은 하나 겨우 사는 비참한 운수로다. 괴상한 기운으로 중한 병에 걸려 죽으니 울부짖는 소리가 연이어 그치지 않아 과연 말세로다. 이름 없는 괴질병은 하늘에서 내려준 재난인데, 수승화강[수행]을 몰라 그 병으로 앓아 죽는 시체가 산과 같이 쌓여 계곡을 메우니 어찌할 도리 없어라. (『격암유록』「말중운末中運」)

소두무족小頭無足으로 불이 땅에 떨어지는 혼돈한 세상이라. 천하가 모여드는 세상을 당하여, 천 명의 조상에 자손 하나가 사는 이치라 슬프도다. 세 성인(공자·석가·예수)이 복 없음을 한탄하고 있는 줄을 모르나니, 이때의 운은 서신이 맡았으니[西神司命] 저 도적의 세력이 애처롭기 짝이 없구나. (『격암유록』「말운론末運論」)

3. 에드가 케이시Edgar Cayce (1877~1945)

1877년 미국 켄터키 주에 살던 독실한 기독교 집안에서 태어난 에드가 케이시는 20세기를 대표하는 위대한 영능력자이다. '잠자는 예언자'로 유명한 케이시는 어릴 때 영능력을 발견한 후 평생 14,216건에 달하는 예언을 남겼다. 예언들은 현재 버지니아 주에 있는 거대한 기념관에 보관되어 있다. 특히 그는 세계대전과 미국의 대공황, 소련의 해체 등을 정확히 맞혔고, 개벽 때 일어날 자연개벽 현상과 인간개벽이 된 후천 인류의 모습 등 미래에 대한 소식을 전하였다.

극이 이동할 때 '새로운 사이클'이 생긴다. '재조정 의 시기'가 시작되는 것이다. (Edgar Cayce Reading #826-8)

일본의 대부분은 반드시 바다 속으로 침몰한다. (#3976-15)

4. 루스 몽고메리Ruth Montgomery (1912~2001)

언론인 출신으로 언론인협회 회장을 지낸 루스 몽고메리는 가장 감성이 순수하고 영혼이 투명한 여성 예언가이다. 몽고메리는 '릴리', '아더포드'라는 천상의 보호신이 전하는 메시지를 기록하여 여러 저서를 남겼다. 특히 그녀는 머지않아 지축 변동으로 말미암아 전 세계에 닥칠 큰 재난을 예고하고 지축 이동 이후의 새로운 세상, 인류가 꿈꾸는 낙원을 눈부시고 장엄하게 전하였다.

극이동 전에 징후가 있을 것이다. 기상은 폭설과 심한 강풍을 동반한 폭풍이 극심해지고, 습도가 높아진다. (극이동 직전의) 며칠 동안은 지구 전체가 마치 요람에 누워 있는 아기를 달래듯이 진동하는 것처럼 느껴질 것이다. … 그 다음에는 악성 전염병이 번지게 될 것이다. (『우리들 사이의 이방인Strangers Among Us』, 228쪽)

지구 극이동 그 자체는 '눈 깜짝할 사이'에 마치 지구가 한쪽으로 넘어지는 것처럼 일어날 것이다. (『우리들 사이의 이방인』, 229쪽)

뉴욕 시는 물 밑으로 사라져 버릴 것이다. 플로리다 지역은 대부분 가라앉아 점점이 떠 있는 섬 지대로 바뀔 것이다. … 서부 지역은 캘리포니아 일대가 격렬한 파도 속으로 사라질 것이며… 워싱턴 D.C.는 황폐화되지만 완전히 파괴되지는 않는다. … 다른 해안의 행락지는 대부분 사라지지만 버지니아 해안 지역은 유달리 안전할 것이다. … 하와이는 바다 속으로 빠진다. (『우리들 사이의 이방인』, 231~232쪽)

5. 모이라 팀스Moira Timms (1938~)

모이라 팀스는 동서고금의 예언과 다가올 대자연의 변국에 대해 연구한 미래 연구가이다. 그녀는 자신의 저서『예언과 예측을 넘어서』에서 최근 과학적 연구 성과와 천문현상 그리고 동양철학 등을 종합하여 고대에서 현대에 이르는 여러 예언을 통일적으로 해석하였다.

바로 그 순간, 임팩트 존에 다다를 때, 우리는 자연의 힘과 완전히 공명되고 동조되어야만 한다. … 지금 전 인류는 운명공동체로서 거대한 개벽의 파도를 함께 타고 있다. 개벽의 파도타기는 우주에 자연적인 진화의 계획이 있는 한 피할 수 없는 주기적인 사건이다. (『예언과 예측을 넘어서Beyond Prophecies And Predictions』)

6. 고든 마이클 스칼리온Gordon Michael Scallion (1942~)

고든 마이클 스칼리온은 원래 전자과학을 전공한 과학도였다. 1979년 어느 날 환몽을 경험한 이후 생명체 주변에서 발산되는 오오라를 보았다. 그 후 예지 능력을 얻어 미래의 미국 지도를 그렸다. 스칼리온은 초급성 괴질의 엄습과 극이동을 전하고 미국과 유럽, 일본의 미래를 경고했다.

인간 능력으로는 도저히 알 수 없는 괴병(unknown disease)이 갑자기 출현한다는 것이다. 자기 에너지의 변화로 인해 새로운 질병이 발생할 것이다. … 대재난이 절정에 달하는 시기가 되면 새로운 질병과 갑작스런 전염병이 지구를 휩쓸 것이다. (『지구 변화 - 오스트레일리아』, 1992.12.17, Audio tape)

먼저 미국의 캘리포니아가 무너져 내리고 일본이 가라앉을 것이다. 이 변화는 도미노 현상처럼 한번 시작되면 여러 곳으로 계속 뻗어 나간다. 그러나 모든 사건이 일어날 정확한 시간은 알지 못한다. (『지구 변화 - 오스트레일리아』, 1996.3)

캘리포니아 지역에 강도 10~15의 초강진이 발생할 것이다. … 그 결과 캘리포니아 해안 지역이 대부분 물에 잠기고 기존의 육지가 섬들로 변하게 될 것이다. … 북미 지각판이 격렬히 솟아오르면서 캘리포니아가 대부분 바다에 가라앉게 된다. 고지대는 섬으로 남아서 캘리포니아 제도諸島로 알려지게 될 것이다. … 미국 서부의 해안선이 새로 형성되고 피닉스는 대항구가 될 것이다. (『미국의 미래 지도 : 1998-2001』)

진리 구성의 3박자, 이신사理神事

그러면 도대체 개벽開闢이란 무엇이고 어떤 이치로 오는 것일까요? 이것을 제대로 이해하기 위해서는 진리를 구성하는 세 가지의 주제, '진리 구성의 3박자'를 알아야 하는데, 이것을 '이신사理神事'라고 합니다. **이신사는 철학과 과학, 인생의 모든 문제와 선천 종교의 구원론에 대한 불만족 또는 진리에 대한 갈급증 등을 해결할 수 있는, 전 인류의 보편 진리이자 우주적인 진리의 틀입니다.** 그렇기에 이 세상 문명의 내용과 진리의 핵을 이신사, 이 세 글자로 정리할 수 있습니다.

이신사에서 첫째 리理는 이법, 섭리, 우주의 창조 법칙으로, 인간과 만물이 태어나고 살다가 죽는 대자연의 이법입니다. '우주는 어떻게 창조되었으며, 그 속에서 인간은 어떻게 태어나 무엇을 위해 사는가' 하는 인류의 기원과 인간 삶의 목적, 인류의 미래 등 모든 것이 이 리理 자 속에 들어 있습니다.

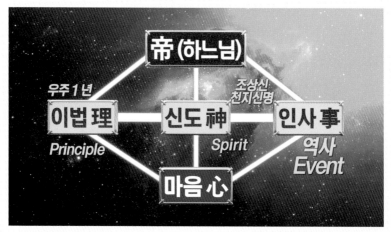

그리고 진리의 3박자의 둘째, 신神은 신도神道를 의미하는 것으로 유일신과 다신 문화를 통틀어 일컫는 것입니다. 신도는 신명의 세계, 하나님의 세계요, 창조주의 세계입니다. 따라서 리와 신은 진리의 두 얼굴입니다. 이치가 진리의 양적인 면이라면 신도는 음적인 면입니다. 리는 하늘과 땅, 인간과 만물이 태어나고 변화해 가는 길로서 인간이 이성적, 합리적, 수학적으로 이해할 수 있는 원리적인 면이므로, 공부를 해서 이치로써 깨달을 수 있습니다. 그러나 인간의 지식이 최상의 경계에 갈지라도 결코 알 수 없는 신적인 부분이 있습니다. 이 신도 세계를 모르면 한마디로 인생을 까막눈으로 사는 것입니다. 인간이 어떤 존재인지, 진리가 무엇인지 절대로 알 수 없으며 자연의 섭리조차도 제대로 깨칠 수가 없습니다. 물론 신도도 이치를 통해서 알게 되는 것이지만 단순히 공부만 하고 합리적으로 따져서 아는 경계가 아닙니다. 신도는 직접적인 체험을 통해서만 알 수 있습니다. 그것을 가능케 하는 것이 바로 수행과 기도입니다.

마지막으로 사事는 우리가 살고 있는 이 우주 현상 세계, 구체적으로는 사건이나 현상, 이벤트, 역사를 말합니다. 그러므로 '이신사'란 '이 세상에서 일어나는 역사 사건은 이법과 신도라는 두 가지의 힘과 법칙이 융합·일체가 되어서 이뤄진다'는 것입니다. 이것은 우리가 생각할 수 있는 이성적이고 합리적인 것을 넘어선 것입니다.

비록 아인슈타인 같은 천재가 천 명 이상 나온다 할지라도 우주의 이법만으로는 진리를 다 알 수 없습니다. 수학자, 천문학자, 우주 과학자가 도를 통한다 할지라도 그것은 반쪽에 불과합니다. 왜냐하면 이 우주에는 합리적 측면도 있지만, 그것만으로 설명할 수 없는 신도적 측면도 있기 때문입니다. 엄정하게 말하면, 우주의 이법을 다스리는 신도神道 세계, 신의 세계, 영적 세계가 있습니다. 그리고 신도 세계는 신비적이며 초월적이며 내면적입니다.

그래서 이법과 신도가 음양으로 하나가 되어서 진리 그 자체가 될 뿐만 아니라, 우리가 살고 있는 이 아름다운 현상 우주, 우리가 울고 웃고 좌절하면서도 잠자고 일어나면 다시 희망의 미소를 짓는 우주 현실계가 이루어지는 것입니다. 우리가 이런 대의를 알아야 '개벽이든, 후천이든, 그 무엇이든지, 이 세상에서 일어나는 모든 사건의 배후에는 어떤 신이 작용한다'는 것을 알 수 있습니다.

그리고 우리들 마음의 원리도 이법과 신도 그리고 사건으로 구성돼 있습니다. 천지의 이법을 바탕으로 한 우리의 마음에 신도가 작용하여 인류의 의식을 깨닫게 합니다. 그리고 역사가 흘러가면서 희망과 성숙의 미래 세계로 나아가는 것입니다. 그러나 인간 마음의 가장 원원한 밑바탕은 이법입니다. 심법心法의 바탕, 심법의 근본은 이법입니다. 그렇기 때문에 이법을 깨치는 만큼 마음이 진정으로 밝아집니다.

시간의 신비와 순환정신

대자연의 법칙에서 가장 근본이 되는 영원한 주제는 무엇일까요? 그것은 바로 시간의 변화입니다. 그렇기 때문에 자연,

인간과 만물, 그리고 신神조차도 시간의 지배를 받습니다.

　그러면 시간이란 무엇일까요? 시간을 연출하는 근본은 지금으로부터 5,500년 전에 태호복희씨太皞伏羲氏께서 그린 팔괘八卦에 있습니다. 팔괘 중 태극기에 나와 있는 사괘, 건곤감리乾坤坎離를 현상적으로는 천지일월이라 하는데, 이 하늘과 땅과 해와 달이 바로 시간의 생성과 변화의 주체입니다. 그래서 천지일월을 진리의 사체四體라 합니다. 팔괘에서 8×8=64로 64괘가 나오는데, 이 중에 건곤감리 4괘를 빼고 60괘로 천지의 모든 변화를 이야기합니다. 이 60이 바로 우리가 쓰고 있는 시간의 60수 법칙이 되는 것입니다.

　그래서 시간을 아는 것은 곧 천지일월의 변화 이치를 아는 것입니다. 우리가 시간의 목적성을 말할 때 그것은 곧 '천지일월 변화의 목적지'를 말하는 것입니다. 그러므로 시간의 목적을 알려면 우선 대자연의 변화 세계, 우주의 이법 중 가장 근본이 되는 자연의 순환성에 대해 첫 번째로 알아야 합니다. 『동의보감』에 '통즉불통通卽不痛하고 불통즉통不通卽痛이라'는 유명한 말이 있습니다. 순환이 잘 되면 아프지 않고 순환이 잘 되지 않으면 아프다는 뜻입니다. 그러므로 만유생명의 근본은 순환성입니다.

　그런데 시간의 순환을 우리 생활 속에서 보면 네 개의 시간대로 나눌 수 있습니다. 우리가 잠을 자고 일어나는 오전, 분주하게 움직이며 활동하는 오후, 낮 동안 활동을 마치고 집으로 돌아오는 저녁, 그리고 자연과 더불어 하나가 되어 나를 잃어버리고 휴식하는 밤, 이렇게 나눌 수 있습니다. 그러나 삶과

태호복희씨太皥伏羲氏와 복희 팔괘도伏羲八卦圖

태호복희(BCE3528~BCE3413)는 동방 배달국의 5세 태우의太虞儀 환웅의 막내아들이다. 그의 이름은 '크게 밝다'(태호太皥)와 '밝은 해'(복희伏羲)란 뜻으로 천지 광명사상을 담고 있다. 특히 태호복희는 백두산에서 상제님께 천제를 올린 후 천하天河에서 하도河圖를 계시 받았다. 하도는 하늘과 땅에 가득 찬 생명의 질서를 자연수의 법칙으로 압축한, 삼신상제님께서 내려 주신 인류사 최초의 '계시도'이다. 이후 태호복희는 「천부경」의 환역桓易과 하도를 근거로 하여 천지일월과 만물의 창조 법칙을 천명한 복희팔괘도를 최초로 창안하고 역(희역羲易)의 기틀을 정립하였다. 한마디로 태호복희는 동양철학의 아버지요 인류 문명의 창시자이다. 증산 상제님께서는 태호복희를 '선천 인문人文의 시조'라 천명하셨다.

생명의 근본에서 보면 결국은 낮과 밤이 바뀌는 것입니다. 이것을 일러 주야동정晝夜動靜, 음양동정陰陽動靜이라 합니다. 『주역』에서도 동정유상動靜有常*이라 하여 음양의 순환을 이야기합니다.

그런데 낮과 밤은 지구의 자전으로 생기는 시간의 변화입니다. 지구가 하루 360도 자전을 360일 동안 지속하면 12만9천6백 도라는 지구 1년의 순환 도수가 나옵니다. 그리고 지구 년으로 360년에 해당하는 우주의 하루가 360회를 지속하면 봄, 여름, 가을, 겨울의 우주 1년 시간대인 12만9천6백년이라는 수가 나옵니다.

동정유상動靜有常 강유단의剛柔斷矣. 움직임과 고요함에 일정한 법칙이 있으니 굳셈과 부드러움이 판가름된다. (『주역』「계사상전」)

사람은 하늘 기운을 들이마시고 내뱉는 호흡을 1분에 평균 18회 하고, 어머니 땅에서 나는 영양분을 흡수하고 배출하기 위해 혈맥이 1분에 평균 72회 뜁니다. 이 1분 동안의 호흡과 맥박 수를 합하면 90이 나옵니다. 그리고 90에 하루 1,440분(60분×24시간)의 시간을 곱하면 12만9천6백이 나옵니다. 사람도 하루 평균 12만9천6백 회의 음양 운동을 하는 것입니다. 결국 **하늘과 땅과 사람이 동일하게 12만9천6백의 정수로 생명의 순환운동**을 하고 있습니다. 이렇게 하루 낮과 밤이 지속돼서 지구 1년이 만들어지고, 이것이 반복되면서 우리들의 한 생애는 소년기, 청년기, 장년기, 노년기를 거친 후 죽음이란 과정을 거쳐 영적 존재로 다시 태어나게 됩니다.

129,600 정수로 순환하는 하늘·땅·인간

天	우주 1년 순환수: 360년 × 360회		= 129,600년
地	지구 1년 순환수: 360도 × 360회		= 129,600도
人	인체 하루 순환수: 90회 × 60분 ×24시간		= 129,600회
	(1분에 맥박 72회 + 호흡 18회)		

인간 삶의 네 가지 기본 시간대

하루	: 낮과 밤
지구 1년 사계절	: 봄, 여름, 가을, 겨울
인생의 사계절	: 소년기, 청년기, 장년기, 노년기
우주 1년 사계절	: 춘생春生, 하장夏長, 추렴秋斂, 동장冬藏

우주에도 사계절이 있다

이렇게 인간의 몸과 지구 1년, 우주 1년의 순환도수는 12만 9천6백 수라는 우주 변화의 정수, 개벽 정수로 정해져 있습니다. 그런데 이 도수는 천 년 전에 송나라 소강절邵康節이 '원회운세元會運世의 법칙'으로 이야기한 것입니다.

우주 1년인 12만9천6백 년을 원회운세 법칙으로 세분해서 보면, 우주의 1시간을 1세世라 하는데, 지구 년으로는 30년에 해당합니다. 그래서 1세를 시간으로 환산하면 12만9천6백 시간이 됩니다. 우주의 하루를 1운運이라 합니다. 지구 년으로는 360년에 해당하는 시간으로, 지구의 날 수로 환산하면 12만9천6백 일이 됩니다. 그리고 우주의 한 달을 1회會라 하며 지구 년으로는 10,800년에 해당합니다. 이것을 달로 환산하면 12만9천6백 개월이 되는 것입니다. 우주의 한 달인 10,800년을 주기로 지구에는 소개벽이 옵니다. 그리스의 천문학자인 헤라클레이데스도 소개벽에 대해 이야기했습니다.

소강절邵康節(1011~1077) 이름은 옹雍, 자는 요부堯夫로 강절은 시호이다. 주돈이, 정호, 정이, 장재와 함께 북송오자北宋五子라 일컬어질 만큼 유명한 유학자이다. 선천의 개념을 정리해서 선천학의 창시자로도 지칭된다. 특히 복희팔괘와 천문, 역법 등을 크게 깨쳐 미래를 내다보는 신통력이 있어서 그는 천지간에 모든 현상을 수리數理로 설명하고 왕조의 흥망까지 예시한 철학서 『황극경세서皇極經世書』를 남겼다.

우주 1년 창조 이법 : 선·후천 개벽 운동

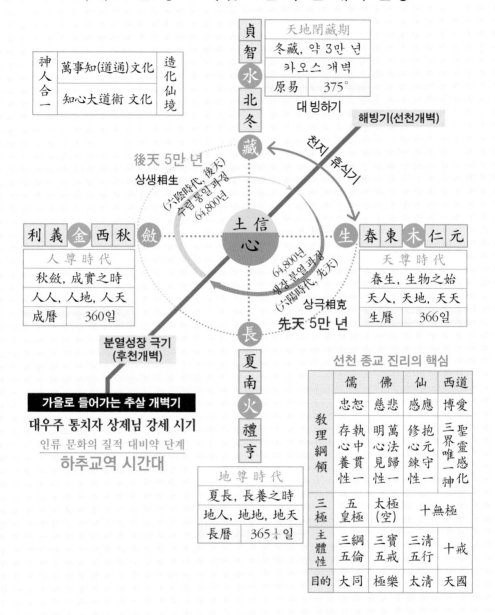

	儒	佛	仙	西道
教理綱領	忠恕	慈悲	感應	博愛
	存心養性 執中貫一	明心見性 萬法歸一	修心鍊性 抱元守一	聖靈感化 三界唯一神
三極	五皇極	太極(空)	十無極	
主體性	三綱五倫	三寶五戒	三淸五行	十戒
目的	大同	極樂	太淸	天國

증산도 안운산 태상종도사님이 우주론과 상제님 가르침의 진액을 '우주 1년 도표'로 그려서 해방 후 도기道紀 76년(1946)에 인류 문화사에 처음으로 공포하셨다. 상제님의 지상 강세와 가을철 통일 문명의 도래 소식을 한 장의 그림에 담아누구도 쉽게 알 수 있게 하셨다.

1세世	우주의 한 시간	129,600時	12時×360日×30年
1운運	우주의 하루	129,600日	360日×360年
1회會	우주의 한 달	129,600月	12月×10,800年
1원元	우주의 일 년	129,600年	360年×360回

　이렇게 12만9천6백 년을 연월일시로 나눠 보면 전부 12만9
천6백 수로 자리를 잡고 있습니다. 소우주인 인간과 대우주 자
연은 모두 12만9천6백 수로 돌아갑니다. 다시 말해 우리 몸속
에서 일어나는 생명 순환의 수와 이 대우주 자연의 개벽 정수는
모두 12만9천6백 수로 동일하다는 것입니다. 그렇기 때문에 운
동 선수들처럼 근육을 키우고 힘을 기른다고 해서 건강하게 오
래 사는 것이 아니라, 자신의 호흡을 얼마나 지혜롭고 조화롭
게 천지 음양 변화에 맞춰 꾸준히 잘 조율하느냐에 진정한 무
병장수의 비밀이 있는 것입니다.

　결국 인간의 삶과 인류의 역사 대세에서 가장 중요한 것은

1만8백 년마다 홍수와 불에 의한 개벽이
찾아든다.
헤라클레이데스Heracleides Ponticus
(BCE 390~322)

우주 1년이 129,600년이라는 과학적 근거

1. '밀란코비치 주기Milinkovitch cycle' 이론

러시아의 과학자 밀란코비치의 연구에 따르면 지구 자전축의 기울기는 약 4만 년을 주기로, 지구의 공전궤도는 약 10만 년을 주기로 하여 바뀐다고 한다.

(KBS『지구대기행』「빙하시대의 도래」, 1988.12)

2. 남극 대륙에서 시추한 얼음 기둥

1998년 1월, 남극에 있는 러시아의 보스토크 기지에서 3,623m 깊이의 얼음 기둥을 시추했다. 이 얼음 기둥을 분석한 결과 지난 42만 년 동안 빙하기와 간빙기가 네 번 반복되었다는 사실이 밝혀졌다.

3. 헝가리 푸라 분화구의 식물화석

헝가리의 푸라 분화구 호수에 있는 식물화석을 연구한 과학자들은 대략 12만 4천년으로 주기로 지구의 기후가 크게 변동한다고 발표하였다. (과학 학술지 「네이쳐Nature」, 1999.2)

4. 바다 속 산호초의 나이테

바다 속 산호초의 나이테를 조사한 결과, 12만8천 ~ 12만2천 년 전 지구의 해수면 높이가 최대 정점에 있었다는 것을 발표하였다. (「사이언스Science」, 1998)

5. 주기적인 지구 자기장의 변화

토시추구 야마자키Toshitsugu Yamazaki와 히로쿠니 오다 Hirokuni Oda 박사의 연구 보고서에 따르면 225만년의 시간에 해당하는 해양침전물의 자기적 성질을 조사한 결과, 지구의 자기장이 10만년을 주기로 변화한다고 한다.

(「사이언스Science」, 2002)

바로 우주 1년 사계절을 아는 것입니다. 이 우주에도 봄, 여름과 가을, 겨울이 있습니다. 이것은 너무도 중요한 진리의 완결본, 결정판입니다. 그렇기 때문에 지나간 선천의 과도기 문화에서는 그 어떤 성자도 우주의 사계절에 대한 구체적인 가르침을 줄 수 없었습니다.

우주 1년 사계절의 시간법칙, 생장염장生長斂藏

그러면 지구의 하루와 1년 그리고 우리들의 한 생애와 우주 1년 사계절을 만드는 우주의 제1법칙은 무엇일까요? 이 우주의 영원한 근본 변화법칙은 무엇일까요? 그것을 상제님은 이렇게 말씀하셨습니다.

> 내가 천지를 주재主宰하여 다스리되 생장염장生長斂藏
> 의 이치를 쓰나니 이것을 일러 무위이화無爲以化라 하느
> 니라. (『도전』 4:58)

상제님께서 천지를 주재하여 다스리지만 그 근본 법칙은 낳고 기르고 거두고 폐장하는 생장염장의 네 가지 변화 질서입니다. 그런데 춘생하장春生夏長으로, 봄에는 낳고 여름에는 기릅니다. 지구 1년이든 우주 1년이든 봄은 언제나 낳는 정사政事만 하는 것입니다. 그리고 가을이 되어야 성숙하고 열매를 맺어 그것을 수렴, 거두는 것입니다. 마지막으로 겨울은 다음 농사를 위해서 쉬는 휴지기입니다.

우리말을 보면 이러한 계절의 특성이 잘 나타나 있습니다.

봄은 생명의 종자가 나타나는 때로 우주의 봄철에 인간이 태어납니다. 그래서 만물 생명의 종자가 지상에 나타나는 봄은 '본다'라는 말에서 왔습니다. 여름도 열매가 열린다는 '열다'에서 온 말입니다. 그리고 가을은 자른다는 뜻의 '갓다'에서 온 것으로 열매 종자를 자른다는 뜻입니다. 마찬가지로 영어에서도 가을을 뜻하는 fall에는 '떨어지다, 빠지다'의 뜻이 있습니다. 그리고 겨울의 어원은 '겻다, 겨시다'로 '겨시다'의 어근인 '겨(살 거居)'에 '울'이 결합되어 생긴 말입니다. 예전에는 여성들이 밖에 출입을 잘 못하고 안방에만 있었기 때문에 '겨집'이라 불렸듯, 겨울은 밖에 나가지 않고 방안에 있으면서 휴식하고 기운을 기르는 그런 계절이란 의미입니다.

우주의 두 하늘, 선천과 후천

개벽開闢은 우주의 시간 질서가 전환하는 사건입니다. 인간이 살아야 할 본래의 현실 세계는 두 개의 하늘, 즉 우주의 봄여름 철인 선천先天과 가을겨울철인 후천後天이 있습니다. 따라서 선후천 개벽은 우주의 계절 변화에 따라 인류 문명사도 함께 새로워지는 진정한 희망에 대한 이야기입니다. 그런데 그동안 선천과 후천이라는 말이 실제적 시간의 변화 원리로 쓰인 적은 없었습니다. 주역과 정역, 동학에서도 그리고 동서양의 어떤 철학자와 지혜로운 자라 할지라도 선천개벽과 후천개벽에 대해 체계적으로 말하지 못했습니다. 선후천 개벽은 바로 전라도 땅에 인간으로 오신 천주님, 증산 상제님께서 처음 선언하신 언어입니다.

선천과 후천에 각기 개벽이 있느니라

선천에도 개벽이 있고 후천에도 개벽이 있나니 옛적 일
(上古之事)을 더듬어 보면 다가올 일(來到之事)을 알고 다
가올 일을 알면 나의 일을 아느니라. 우주의 순환 이치
를 알아야 이 길을 찾을 수 있느니라. (『도전』11:122)

선 천	후 천
봄·여름	가을·겨울
탄생·성장기(생장) : 분열	성숙·폐장(염장) : 통일
상극 시간대	상생 시간대
성자시대	성부시대 : 천주 아버지 강세 문명시대
윤역시대 : 366, 365¼일	정역시대 : 360일

1974년, 미국의 고인류학자 도널드 조핸슨Donald Carl Johanson이 에티오피아의 하다르 지역에서 최초의 인류, '루시Lucy'라 불리는 화석을 발굴했다. 루시는 약 320만 년 전의 화석으로 오스트랄로피테쿠스 아파렌시스Australopithecus Afarensis과에 속하는 사람족(Hominini) 종으로, 직립보행을 잘 보여주는 인간의 조상이다. 오스트랄로피테쿠스 아파렌시스는 약 390만 년 전부터 290만 년 전까지 생존했다.

우주의 제1 법칙, 영원한 근본 법칙은 생장염장입니다. 천지는 봄여름에 사람을 내고 길러서 가을이 되어야 거두는 것입니다. 따라서 **천지에서 인간 농사 지은 것을 거두는 가을의 변화, 이것이 가을개벽이자 후천개벽입니다.** 그리고 가을개벽은 다가오는 후천 세상을 알리는 소식인 것입니다.

최근에는 역사를 빅히스토리Big History 역사관, 거대 담론으로 이야기하고 있습니다. 약 138억 년 전에 우주가 생성된 후 약 45억4천만 년 전에 지구가 태어나 고생대, 중생대, 신생대를 거치는 큰 변화를 이루다가 약 4백만 년 전*

다중우주多重宇宙(multiverse)와 인류원리人類原理

　인류원리(Anthropic Principle)는 호주의 물리학자 브랜든 카터 Brandon Carter가 1974년에 처음 사용된 용어로, 인간의 존재 자체가 자연을 설명한다는 원리이다. 카터는 우리가 살고 있는 이 우주가 인간을 비롯한 복잡하고 다양한 생명체가 생존하기에 최적의 환경을 갖춘 것은 결코 우연이 아니며, 현재와 같은 물리법칙이 적용되지 않았더라면 결코 존재하지 못했을 것이라고 주장한다.

　물리학자들은 지금의 환경이 조성된 '물리학적 이유'는 알 수 없지만, '우주 상수의 123번째 자릿수가 지금과 다른 우주에서는 은하가 형성되지 않는다'고 한다. 즉 우연적으로 만들어졌다고 하기에는 지금의 우주가 너무 기적 같은 확률로 인간이 존재할 수 있는 조건들이 완벽하게 갖추어졌다는 것이다.

　그렇다면 어떻게 인간이 존재할 수 있는 기적같은 확률의 우주가 존재할 수 있을까? 이 문제에 대한 답을 과학자들은 다중우주에서 찾는다. 단 하나뿐인 우리 우주에 적절한 우주 상수가 할당된 것이 아니라, 무수히 많은 우주에 우주 상수가 무작위로 할당되었다는 것이다. 즉 다중우주란 우리 우주 외에도 아주 많은 다양한 환경의 우주가 존재하고 있다는 것이다.

　결국 과학에서 말하는 다중우주설은 우주가 그냥 존재하는 것이 아니라, 인간농사를 짓기 위한 목적을 가지고 우주가 둥글어 간다는 것을 보여준다.

인류가 처음 태어나서 현재까지 왔다고 합니다. 그리고 과학에서는 요즘 유니버스universe가 아니라 멀티버스multiverse(다중 우주)라 해서 우주가 헤아릴 수 없이 많이 있다고 합니다. 그런데 너무 신비스럽게도 우리가 살고 있는 이 우주는 인간을 전제로 하는 우주라고 합니다. 이것을 우주 과학에서 '인류원리'라 하는데, 인류원리란 이 우주가 인간을 전제로 한, 인간 탄생을 위한 목적으로서만 존재하는 우주상을 가지고 있다는 것입니다. 우리 모두는 이렇게 소중한 인생으로 태어난 것입니다.

시간의 목적, 가을철의 수렴과 성숙

우리가 인간으로 태어나서 꼭 살아야 되는 전혀 다른 두 개의 하늘, 이것이 바로 선천과 후천 세상입니다. 그런데 하루의 변화와 지구 사계절, 나아가 우주 1년 사계절 변화를 알면 선후천에 대한 근본을 알 수가 있습니다.

하루의 변화를 보면 사람은 낮에는 나가서 열심히 일하고 몸을 움직이는 분열 운동을 합니다. 그리고 밤이 되면 다시 보금자리로 돌아와 쉬는 수렴 운동을 합니다. 하루의 분열과 수렴 운동처럼 이 세상에 존재하는 모든 것은 올라간 것은 내려오고 간 것은 돌아오고 나아간 것은 물러나는 음양운동을 하는데 이것을 음양의 진퇴, 승강, 왕래 운동이라 합니다. 우주의 선천과 후천도 크게 보면 전반기 선천은 생장·분열하는 양陽의 운동을 하고, 후반기 후천에는 본래의 근본으로 돌아가는 통일·수렴의 음陰의 운동을 하는 것입니다.

　나무가 생장을 하는 봄여름에는 수기水氣가 뿌리·근본으로
부터 멀어져서 저 위에 있는 가지까지 올라가는데, 이것을 거
스를 역逆 자를 써서 '역도수逆度數'라 합니다. 마찬가지로 우리
가 아침에 직장이나 학교에 가기 위해 집에서 점점 멀어지는
것이 바로 역의 운동, 분열 운동, 생장 운동입니다. 그리고 저
녁이 되면 집으로, 본래 자리로 돌아오는 것을 순할 순 자, 좇

을 순順 자를 써서 순의 운동, '순도수順度數'라 합니다. 누구도 알 수 있을 정도로 쉬운 이 역과 순의 운동이 바로 동양의 음양우주론陰陽宇宙論의 근본 주제로, 매우 중요한 것입니다.

이처럼 **역도수의 후천 가을 정신은 본래의 근본, 뿌리로 돌아가는 것입니다.** 그래서 인간으로 오신 천주님께서는 "이때는 원시반본原始返本하는 시대라."(도전 2:26)고 하셨습니다. 원시반본의 원原은 찾을 원 자로 본래의 시초, 시작점을 제대로 찾아서 돌아가야 된다는 뜻입니다. 인류가 살아야 되는 두 개의 우주 시간대 중 선천 봄여름은 양도陽道 변화를 하기 때문에 아래에서 위로, 중심에서 밖으로 분열해 나갑니다. 그러나 가을겨울 철 변화는 밖에서 중심·근원으로, 위에서 아래로 수렴하는 음도陰道 변화입니다. 그래서 선후천 변화의 방향성은 정반대입니다.

그렇기 때문에 선천에서 후천으로 바뀌는 변화를 영어로 '리버싱 프로세스reversing process'라 합니다. 양도에서 음도로 바뀌는 것은 역으로 뒤집어지는 과정입니다. 그래서 **상제님은 가을의 정신을 우주 사상 언어로 '원시반본'이라 선언하신 것입니다.**

우주 1년 129,600년 중에서 빙하기인 우주의 겨울철은 약 3만 년입니다. 그리고 이번 우주 1년에서 다시 현생인류*가 어머니 땅 위에 태어나 문명을 개척하면서 살아온 선천이 5만 년

지금까지의 인류 진화 단계에서 최종 단계 인류를 현생인류現生人類(Homo sapiens sapiens)라 한다. 현재 지구상에 살고 있는 인류가 현생인류에 속한다. 현생인류가 출현한 지 약 4만년 정도 되었다.

입니다. 근현대사의 출발점 동학에서 천주님이 인류에게 처음 선언하신 말씀이 "개벽 후 5만 년에 네가 처음이로다."(『용담유사』 「용담가」)입니다. 선천개벽 이후로 5만 년이 지난 지금, 불의 계절인 여름에서 드디어 천지의 결실기인 가을의 문턱으로 들어서고 있는 것입니다.

오늘의 인류는 어느 때에 살고 있으며 우리는 어디를 향해서 가고 있을까요? 이것을 우주론적 시각에서 알 수 있는 가르침은, 천지의 원 주인께서 조선의 이름 없는 한 구도자에게 처음 선언하신 '개벽 후 5만 년에 네가 처음이다'라는 말씀에서만 찾을 수 있습니다. 상제님의 이 말씀으로 드디어 진리의 큰 실상이 구체적으로 드러나기 시작한 것입니다.

인류가 살아온 선천 상극 세상

『도전』을 보면 우리들이 그동안 궁금해왔던 삶의 모순, 가혹한 경쟁과 투쟁, 전쟁 등 헤아릴 수 없이 많은 이 세상 문제에 대한 원인을 상제님께서 너무도 명쾌하게 말씀해 주십니다.

선천은 상극의 운

선천은 상극相克의 운運이라.

상극의 이치가 인간과 만물을 맡아 하늘과 땅에 전란戰亂이 그칠 새 없었나니 그리하여 천하를 원한으로 가득 채우므로 이제 이 상극의 운을 끝맺으려 하매 큰 화액禍厄이 함께 일어나서 인간 세상이 멸망당하게 되었느니라.

상극의 원한이 폭발하면 우주도 무너져 내리느니라.

이에 천지신명이 이를 근심하고 불쌍히 여겨 구원해
주고자 하였으되 아무 방책이 없으므로 구천九天에 있
는 나에게 호소하여 오매 내가 이를 차마 물리치지 못
하고 이 세상에 내려오게 되었느니라.

그러므로 이제 내가 큰 화를 작은 화로써 막아 다스리
고 조화선경造化仙境을 열려 하노라. (『도전』 2:17)

영원한 화평의 바탕, 해원

이제 예로부터 쌓여 온 원冤을 풀어 그로부터 생긴 모
든 불상사를 소멸하여야 영원한 화평을 이루리로다.

선천에는 상극의 이치가 인간 사물을 맡았으므로 모
든 인사가 도의道義에 어그러져서 원한이 맺히고 쌓여
삼계에 넘치매 마침내 살기殺氣가 터져 나와 세상에 모
든 참혹한 재앙을 일으키나니 그러므로 이제 천지도수
天地度數를 뜯어고치고 신도神道를 바로잡아 만고의 원
을 풀며 상생의 도道로써 선경의 운수를 열고 조화정부
를 세워 함이 없는 다스림과 말 없는 가르침으로 백성을
교화하여 세상을 고치리라. (『도전』 4:16)

"선천은 상극의 운이라." 상제님의 이 말씀으로 우리는 상극
相克을 깨달아야 세상을 제대로 볼 수 있는 지혜의 눈이 열립니
다. 그러면 상극이란 무엇일까요?

지구년과 우주년에서 선천 봄여름은 태어나서 자라는 때로
성장·분열기입니다. 그런데 **성장과 분열은 바로 상극의 법칙**

으로 이루어지는 것입니다. 상극이라는 것은 서로 상相 자, 이 길 극克 자로 서로 극한다는 뜻입니다. 영화 '허리케인 하이스트'에서 보았듯이 허리케인은 아버지와 어린 두 아들을 해치기 위해 부는 것이 아닙니다. 허리케인은 기류 변화로 인해 일어난 자연의 현상으로 자연에는 선악과 시비가 없습니다. 자연의 상극이란 바로 이런 허리케인과 같은 것입니다. 허리케인은 인간에게는 거대한 재앙이지만, 살아있는 지구에게는 온도를 유지하고 해수를 순환시키는 역할을 합니다. 즉 자연의 상극은 순수한 생장 이법인 것입니다.

그러면 상극은 왜 생기는 것일까요? 우주의 봄여름 철에는 우주의 중심축이 동북쪽으로 23.5° 기울어져 있기 때문에 우리가 살고 있는 천지 자연환경이 불균형 상태입니다. 이렇게 **천지 자체가 불균형하기 때문에 천지만물이 상극**하며 부조화의 경계에 있습니다. 이것을 12지지로 보면 선천에는 천지의 중심축, 즉 지구의 중심축이 기울어져서 자오묘유子午卯酉가 사정방四正方, 정正 동서남북에 있습니다. 그런데 후천에는 음양을 조화하는 토土 자리인 5·10토 진술축미辰戌丑未 중심축이 정 동서남북에 자리를 잡게 됩니다.

그렇기 때문에 모든 생명은 균형을 잡기 위해서 조화調和, 하모니harmony를 중심 가치에 놓고 삽니다. 우주의 중심 가치는 바로 조화입니다. 조화를 잃어버리면 모든 생명은 병들고 무너지는 것입니다. 그래서 상극을 제대로 깨달으면 우리가 이 세상 현상을 제대로 볼 수 있는 진리와 지혜의 눈을 얻게 됩니다.

상극은 자기 극복과 성장의 과정

　그런데 상극은 역도수逆度數입니다. 거스른다는 것은 모든 것과 부딪히면서 나의 체험과 지혜로써 문제를 끌러내는 것입니다. 그래서 흔히 '싸우면서 큰다, 다치면서 큰다'는 이야기를 합니다. 누구도 10대 때는 소리도 지르고 술도 마시고 주먹질도 하며, 때로는 가출도 하는 반항의 과정을 거치며 자랍니다. 이것이 바로 역의 과정인데, 쉬운 말로 '자기 극복의 과정, 성장의 과정'이라고 합니다. 즉 '셀프 트랜센던스self-transcendence' 또는

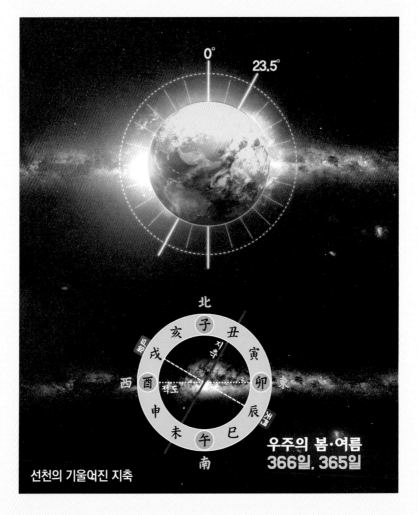

선천의 기울여진 지축

우주의 봄·여름
366일, 365일

'오버커밍overcoming'으로 극기克己, 나를 이겨내는 것입니다. 그렇기 때문에 **상극은 자기 극복**입니다.

그래서 우리 삶에서 가장 잘못된 일은 자기 극복을 하지 못하고 스스로 존재를 해체, 자살하는 것입니다. 천상에서도 자살을 매우 안 좋은 죄악으로 본다고 합니다. 온갖 시련과 고난이 닥쳐오고 때로는 깊은 죄의 어둠에 빠져도 희망은 있습니다. '죄는 미워해도 사람은 미워하지 마라'*는 말이 있듯이, 우리는 누구도 어둠 속에 빠질 수 있는 선천의 상극 세상에서 살아가고 있습니다.

인류가 받는 고난의 섭리는 원죄나 무명無明**같은 단순한 문제가 아닙니다. **인류가 이루 헤아릴 수 없는 고난의 삶을 살아온 이유는 바로 선천 우주의 상극 질서 때문**입니다. 그렇다면 우리는 하루하루를 어떻게 살아야 될까요? 인간이란 무엇 때문에 태어났으며 무엇을 위해서 존재하는 것일까요? 우리들 삶에 근본적이며 보편적, 궁극적인 목적이 있다면 그것은 과연 무엇일까요? 이 모든 문제의 답이 바로 '우주 1년 이야기'에 담겨 있습니다.

고대 그리스에서도 '우주에 큰 봄과 여름 그리고 가을이 있다'는 정도는 알고 있었습니다. 조금 더 구체적으로는 문명의 황금시절이 있었고,

고지청언공古之听言公 오기의불오기인惡其意不惡其人.
옛날 재판을 하는 사람은 죄를 범한 그 마음은 미워해도 그 사람을 미워하지는 않았다. (『공총자孔叢子』)

불교의 12연기緣起는 미혹한 세계의 인과관계를 열두 가지 요소로 이야기한다. 12연기가 서로 인과 관계를 이루어 윤회하는 우리의 삶을 지배한다고 한다. 그 중 무명無明은 12연기 중 첫째로, 사물을 있는 그대로 보지 못하는 어리석음을 말한다. 모든 번뇌 중 무명의 작용이 가장 무거워서 무명이 모든 번뇌의 근본이 된다고 한다.

은의 시대, 청동의 시대를 지나 영웅의 시대에서 암흑의 시대인 철의 시대가 오고, 다시 황금시대로 돌아간다고 하는 큰 문명의 순환론 정도였습니다.

그러나 실제적이고 합리적인 천도天道에 근본을 두면서 철학적, 과학적이며 종교성이 깊이 스며있는 우주론은 지난 1만 년 깨달음의 결정판인 '우주 1년 이야기'입니다. 이 '우주 1년 이야기'에는 우주 봄여름철인 선천 상극 세상과 앞으로 다가올 가을 새 우주 소식이 담겨 있습니다. 그리고 우리 모두가 진정으로 한마음이 되어서 행복하게 살 수 있는 새 세상을 열 후천 가을개벽 이야기가 담겨 있습니다. 우리가 듣고 싶어 하는 이 세상의 모든 진리 담론이 우주 1년 이야기 속에 한데 얽혀 있는 것입니다.

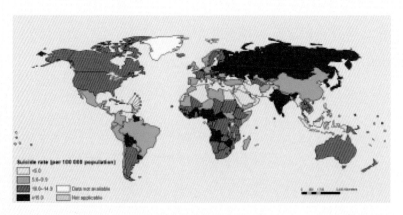

1년간 자살하는 지구촌 인구수
세계보건기구(WHO)가 2019년에 발표한 통계에 따르면 전 세계에서 매년 80만 명이 자살하는데, 이것은 40초당 1명이 자살하고 있는 수치이다. WHO의 기사에 따르면, 자살자의 79%는 소득이 중하위층인 국가에서 발생했으며 자살은 15~19세 청소년의 주요 사망 원인 중 하나였다.

인간과 만물을 낳아 기르는 선천 우주법칙, 상극

'선천은 상극의 운이라. 상극의 이치가 인간과 사물을 맡아 하늘과 땅에 전란이 그칠 새가 없었다'(도전 2:17)는 상제님 말씀처럼 지금도 지구촌에는 전쟁이 계속되고 있습니다. 인류 역사에서 전쟁은 왜 끊이지 않고 일어나는 것일까요? 우리는 이 전쟁을 어떻게 봐야 할까요?

자연의 상극과 문명의 상극에는 명백한 차이점이 있습니다. 영화 '허리케인 하이스트'에서 보았듯이, 자연의 상극 법칙에는 선악善惡과 시비是非가 없습니다. 그러나 **상극의 자연환경 속에서 사는 인간은 그 기운을 받아 서로 시비를 가리고 대립과 경쟁을 하게 됩니다. 이것을 문명의 상극**이라 합니다. 그리고 전쟁은 상극의 인류문명사에서 일어나는 가장 극적인 사건입니다.

그러나 인류의 역사는 전쟁을 통해서 만들어졌습니다. 현대 과학문명을 보더라도 전쟁의 과정 속에서 발명된 것이 너무도

헤시오도스Hesiodos

고대 그리스의 시인, 헤시오도스Hesiodos(BCE 750~?)는 저서 『신들의 계보』에서 인류 역사를 다섯 시대로 구분했다. 바로 황금의 종족, 은의 종족, 청동의 종족, 영웅의 종족, 철의 종족의 시대이다. 황금의 종족 시대는 이상향의 시대지만 이후 인류는 시간이 흐를수록 점점 사악해진다. 황금의 종족이 자연적으로 멸족하자 이어서 은의 종족이 나타나지만 신에 대한 불경죄로 멸족했고 청동의 종족은 홍수로, 영웅의 종족도 폭력으로 멸족했다. 헤시오도스는 우리가 살고 있는 시기를 마지막 철의 시대라 하였다.

많습니다. 찰스 틸리Charles Tilly(1929~2008)는 '전쟁이 국가를
만들고 국가가 전쟁을 만들었다'라고 했습니다.

그리고 토마스 홉스Thomas Hobbes(1588~1679)는 『리바이어던
Leviathan』에서 '전쟁이 일어날 수밖에 없는 이유는 첫째는 경
쟁, 둘째는 확신의 결핍, 셋째는 명예욕'이라 했습니다. 인간의
경쟁과 결핍, 명예욕 같은 마음의 병이 표출된 것이 전쟁이라
는 것입니다. 또 『전쟁론』이라는 병법서를 쓴 카알 폰 클라우
제비츠Carl von Clausewitz(1780~1831)는 '전쟁은 총으로 하는 외
교이고, 외교는 입으로 하는 전쟁'이라 했습니다.

이보다 더 강력하게 말한 사람은 젊은 유대인 학자 유발 하라
리Yuval Noah Harari(1976~)입니다. 하라리는 근현대의 전쟁문화
사를 담은 책 『극한의 경험』에서 '전쟁이 영원한 진리이고 평화
는 일시의 환상이다'라고 합니다. 저는 '전쟁이 영원한 진리를
드러낸다'는 그의 말에 동의합니다. 마지막으로 전쟁의 상극을
표현한 『전쟁은 신을 생각하게 한다』*라는 책도 있습니다.

찰스 틸리Charles Tilly

'War made the state and the state made war.' 21세기 사회학 창시자로 추앙받는 미국 컬럼비아 대학의 찰스 틸리Charles Tilly(1929~2008) 교수의 저서 『유럽 국민국가의 계보』(원제: Coercion, Capital and European States)에 나오는 말이다. 찰스 틸리는 전쟁에서 승리하기 위해서는 강제적 무력과 자본을 대량으로 동원하는 힘이 필요하고 이것을 위한 최적의 체제가 국가라고 하였다. 즉 전쟁을 위해 국가라는 체제가 생겨나고, 이렇게 생겨난 국가는 또 전쟁을 계속 해왔다는 것이다.

저는 '전쟁은 우주의 상극 질서에 대한 궁극의 체험이다. 고통을 당해 봐야 정신이 깨어나고 진정한 고통의 과정을 통해서 정신이 성숙된다'고 생각합니다. 쇠를 불덩어리 속에 넣어 달군 다음 망치로 두들기고 단련시켜서 온갖 기물을 만들 듯이 우리도 상극의 고통을 통해 성숙됩니다.

카알 폰 클라우제비츠

유발 하라리

『전쟁은 신을 생각하게 한다』, 강형철 저, 화남출판사, 2003.

하늘이 내리는 고난의 깊은 섭리

天將降大任於斯人也인대
천 장 강 대 임 어 사 인 야

必先勞其心志하고 苦其筋骨하고
필 선 노 기 심 지   고 기 근 골

餓其體膚하고 窮乏其身行하여
아 기 체 부   궁 핍 기 신 행

拂亂其所爲하나니
불 란 기 소 위

是故는 動心忍性하여
시 고   동 심 인 성

增益其所不能이니라
증 익 기 소 불 능

하늘이 장차 이 사람에게 큰 임무를 내리려 할 때에는

반드시 먼저 그 심지를 지치게 하고

뼈마디가 꺾어지는 고난을 당하게 하며

그 몸을 굶주리게 하고 그 생활은 빈궁에 빠뜨려

하는 일마다 어지럽게 하느니라.

이는 그의 마음을 두들겨서 참을성을 길러 주어

지금까지 할 수 없었던 일도

할 수 있게 하기 위함이니라. (『도전』 8:87)

상제님께서 외워 주신 『맹자』의 구절은 '사명을 감당할 수 없는 작은 기국을 키워서 그 일을 능히 해낼 수 있게 하기 위해 마음을 두들긴다'는 내용입니다. 이렇게 천지에서는 우주의 목적을 이루는 위대한 천지의 아들딸을 길러내기 위해 시련과 고난을 주어 인간의 마음자리를 두들기는 것입니다. 그리고 이 고난의 섭리는 우주의 상극 법칙에 따라 우리의 삶 속에 순간순간 침투해 들어옵니다.

선천은 전쟁과 원한의 역사

지금으로부터 4~5만 년 전, 선천개벽으로 우주의 봄철이 열리면서 '호모 사피엔스 사피엔스'라는 '슬기슬기 인간'이 나왔습니다. 그리고 약 1만 1천 년 전, 현재와 같은 기후가 조성되고 1만 년 전부터 문명국가가 열리기 시작했습니다. 그런데 상제님께서는 **'선천은 상극의 운이기 때문에 이제 이 상극의 이치를 끝맺으려 하매 인류의 역사가 멸망당하게 됐다'**(도전 2:17)라고 말씀 하셨습니다. 그것은 바로 선천 봄여름 철에 쌓인 상극의 원한이 폭발하면 이 우주도 무너져 내릴 수 있기 때문입니다.

상극의 원한에는 작은 원한도 있고 큰 원한도 있습니다. 밝고 긍정적인 원寃과 한恨도 있지만, 아주 부정적인 원과 한도 있습니다. 한 부족이나 민족에게 역사적인 큰 시련과 고난이 닥쳤을 때 그것을 이겨내서 승화되는 경우도 있지만 반대로 패망당하는 경우도 있습니다. 토인비가 말한 '도전과 응전'*처럼 도전이 오면 잘 받아쳐야 되는데 그러지 못하고 무너진 인간도 있고, 인류사에서 영원히 사라진 국가와 민족도 있는 것입니다.

이렇게 선천은 전쟁의 역사이며 원한寃恨의 역사입니다. 그런데 원한이 점점 더 강렬해지고 깊어져서 온 우주를 채우고 있습니다. **원한의 확대사**擴大史인 것입니다. 그래서 불의 계절인 우주의 여름철 말기에서 가을 천지로 넘어갈 때는 역사 속에 누적된 모든 원과 한이 한꺼번에 폭발합니다.

여기서 나오는 현상들 중 하나가 바로 테러입니다. 테러는 가면 갈수록 강해지고 있습니다. 얼마 전 프랑스 파리에서 갑자기 폭탄이 터진 것처럼 요즘 유럽에서는 언제 어디에서 총알이 날아올지 모를 정도입니다. 유럽의 중세와 근대 역사를 보면 아프리카 노예 문제, 종교 전쟁 등 헤아릴 수 없이 많은 억압이 있었습니다. 일례로 제4차 십자군 전쟁 때는 소년군 4천 명을 노예로 팔아버린 사건도 있었습니다.

그리고 선천은 양도陽道 변화, 즉 양이 변화를 주도하기 때문에 억음존양抑陰尊陽이 되어 남성이 여성을 억누르고 강자가 약자를 억누

영국의 역사가 토인비 Arnold Joseph Toynbee(1889~1975)는 『역사의 연구』에서 인류의 역사를 도전Challenge과 응전Response을 통해 문명이 발전하는 과정으로 설명하였다. '유럽의 빙하지대가 축소함에 따라 아프라시아 지역은 건조화가 진행됐다. … 거주지도 생활양식도 바꾸지 않은 무리는 건조화라는 도전에 응하지 않았으므로 전멸이라는 벌을 받았다. … 건조화라는 도전에 대해 거주지와 생활양식을 모두 변경하며 응전한 집단이 있었다. 이 보기 드문 이중의 반응이야말로 소멸돼 가던 아프라시아 초원지대의 몇개 미개사회에서 이집트 문명과 수메르 문명을 창조한 역동적인 행위였다.'

릅니다. 그래서 아무리 성聖과 웅雄을 합하고 문무文武를 겸한 큰 위인이 나온다 할지라도 역사 속에서 맺혀 온 여성의 원과 한을 풀어 주지 못하면 이 세상을 건질 수 없습니다.

천지에 가득 찬 여자의 한恨

선천은 억음존양抑陰尊陽의 세상이라.

여자의 원한이 천지에 가득 차서 천지운로를 가로막고 그 화액이 장차 터져 나와 마침내 인간 세상을 멸망하게 하느니라. 그러므로 이 원한을 풀어 주지 않으면 비록 성신聖神과 문무文武의 덕을 함께 갖춘 위인이 나온다 하더라도 세상을 구할 수가 없느니라.

예전에는 억음존양이 되면서도 항언에 '음양陰陽'이라 하여 양보다 음을 먼저 이르니 어찌 기이한 일이 아니리오. 이 뒤로는 '음양' 그대로 사실을 바로 꾸미리라.

(『도전』 2:52)

제국주의의 노예로 팔려간 아프리카인들

노예로 팔려간 소년십자군

　4차 십자군 전쟁이 끝난 후 일어난 소년 십자군 이야기로는 두 가지가 전한다. 첫째, 1212년 독일의 쾰른에서 살던 소년 니콜라스는 성지를 되찾으라는 하늘의 계시를 받고 팔레스타인을 향해 행진하기 시작했다. 니콜라스는 자신이 남쪽에 도착하면 예루살렘으로 건너갈 수 있게 바다가 갈라질 것이라 주장하였고 이를 믿은 수많은 사람들이 행진에 가담하였다. 둘째, 그리스도에게 계시를 받은 에티엔의 이야기다. 프랑스의 양치기 소년 에티엔은 어느 날 만난 그리스도가 국왕에게 전해 주라고 한 편지를 가지고 길을 나섰다. 얼마 후 에티엔에 대한 소문을 들은 많은 사람들이 에티엔의 순례에 동참하여 함께 행진하였다. 그러나 니콜라스와 에티엔의 원정은 모두 실패로 끝나고 말았다. 두 소년을 따랐던 소년십자군은 대부분 집으로 돌아가거나 도중에 죽었고, 많은 수가 노예 상인에게 팔려 행방불명이 되고 말았던 것이다.

정음정양의 남녀동권 세계를 개벽하심

상제님께서 말씀하시기를 "이 때는 해원시대라.

몇천 년 동안 깊이깊이 갇혀 남자의 완롱玩弄거리와 사역使役거리에 지나지 못하던 여자의 원寃을 풀어 정음정양正陰正陽으로 건곤乾坤을 짓게 하려니와 이 뒤로는 예법을 다시 꾸며 여자의 말을 듣지 않고는 함부로 남자의 권리를 행치 못하게 하리라." 하시니라. (『도전』 4:59)

상극의 운수로 인해 선천은 전쟁의 역사지만 전쟁을 당해본 사람만이 그 시련과 고통의 경계를 마음속에서 절절이 느낄 수 있습니다. 그러나 전쟁 영화를 보면 전쟁의 고통을 조금이라도 체험할 수 있습니다. 전쟁은 파괴를 통해 모든 인간과 사물을 완전하게 바꾸기도 합니다.

제가 스코틀랜드를 답사할 때 "당신은 이곳의 역사적 영

전족纏足은 어린 소녀의 발을 성장하지 못하게 하기 위해 인위적으로 묶는 것인데, 10세기 초에서 20세기까지 1천여 년 지속되어 내려온 중국의 악습이었다. 봉건제, 환관과 더불어 중국의 전통사회를 붕괴시킨 세 가지 악습으로 꼽힐 만큼 전족은 중국 여성의 삶을 핍박한 가장 큰 굴레였다. 여아가 4, 5세가 되면 발이 자라지 않게 천으로 단단히 묶는데, 이렇게 기형이 된 발은 여성의 일생에 큰 고통을 안겼다. 특히 작은 발을 미의 기준으로 삼고 여성의 바깥 출입을 통제하고 남성의 성적 만족을 위한 도구였던 전족은 남성 중심 사회에서 억압받으며 산 여성의 삶을 여실히 보여준다.

웅을 아십니까? 그 사람이 유명한 영화 '브레이브 하트'에 나오는 스코틀랜드의 독립 영웅 윌리엄 월리스William Wallace(?~1305)입니다."라는 이야기를 들었습니다. '브레이브 하트'는 스코틀랜드인들이 잉글랜드의 폭정과 지배에서 벗어나기 위해 싸운 이야기로, 영화를 보면 강자의 억압에 억눌려 터져 나온 상극의 역사를 피부로 느낄 수 있습니다.

미국의 여배우 캐서린 햅번Katharine Hepburn(1907~2003)은 "나는 아침에 일어날 때마다 외친다. 오늘도 나는 전쟁을 한다고."라는 말을 했습니다. '전쟁을 한다'는 햅번의 생각은 결코 과격하고 잘못된 것이 아닙니다. 선천은 자연의 변화 섭리로 상극 운동을 하기 때문에 국가와 민족끼리의 전쟁이 아니더라도 일상의 삶에서조차 누구나 그런 말을 할 수 있습니다. 상제님께서 '선천은 상극의 운이라. 이제 이 상극의 운을 끝맺으려 하매 큰 화액이 함께 일어나서 인간 세상이 멸망당하게 되었

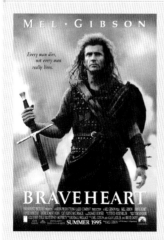

영화 '브레이브 하트Brave heart'
(1995년, 멜 깁슨 감독)
13세기 말, 잉글랜드의 전제 군주인 롱생크의 탄압을 받던 스코틀랜드에서 윌리엄 월리스는 저항군의 지도자가 되어 잉글랜드와 전쟁을 시작한다. 그러나 월리스는 잉글랜드에 매수당한 저항군의 배신으로 전투에서 지고, 포로가 된다. 월리스는 산 채로 사지가 찢기는 고통 속에서도 자유를 외치며 죽음을 당한다. 조국의 독립을 위해 목숨을 바친 월리스에게 고무된 스코틀랜드는 그의 숭고하고 의로운 정신을 받들어 베노번 전투에서 잉글랜드에게 승리를 거둔다.

원형原型(archetype)은 카를 구스타프 융 Carl Gustav Jung (1875~1961)이 제창한 분석심리학(융 심리학)의 개념으로 꿈의 이미지나 상징을 낳는 근원이다. 원형의 상象은 신화적이면서 태고의 역사나 종족의 기억까지 거슬러 올라간다. 그래서 융은 집단 무의식에 존재하는 역동 작용을 원형심리학이라 표현하였다.

고대 이집트인들은 만물의 근원을 카Ka라 생각했다. 모든 생물과 무생물에는 카가 근원적으로 존재하고, 거기에 아크Akh와 바Ba가 붙어 있다고 생각했다. 카는 인간이 태어날 때부터 깃든 혼으로 죽어서도 육체의 곁에 남아있는 혼이며, 아크는 육신을 뜻한다. 그리고 바는 사후 세계로 떠나는 영혼이다. 따라서 이집트인들은 육신의 죽음 후 카가 머물 곳이 필요하기 때문에 미라를 만들었다.

다'고 하셨듯이, 선천 상극의 우주 질서를 문 닫고 가을 우주의 새로운 상생의 도법시대를 열려고 하는데 선천 5만 년 동안 쌓인 원한이 폭발하여 인류가 멸망하게 되었다는 것입니다.

이렇게 세계의 역사와 현실 그리고 인류의 삶의 실상을 제대로 알면 종교인들이 말하는 구원이란 것이 인간의 기도대로 쉽게 응답될 수 있는 것이 아님을 알 수 있습니다. **구원의 결론은 선천 상극 세상에서 맺힌 원한의 불덩어리를 끌러내는 해원解冤입니다.** 선천의 원과 한을 끌러내야만 멸망당하게 된 인류를 후천 상생의 새 세상으로 인도할 수 있습니다. 그래서 인간으로 오신 증산 상제님이 새 세상의 문을 열기 위해 쓰신 세계 통치 법도이자 개벽의 도는 바로 해원입니다. 해원을 통해 하늘과 땅의 자연계와 인간의 동서 문명과 국제관계 그리고 자연과 인간의 관계, 만물과 인간의 관계도 모두 상극에서 상생으로 갑니다.

심리학 분야 중에 '원형심리학'*이라는 것이 있습니다. 이집트인의 원형심리는 '카Ka'** 입니다. 그러나 우리 한국인은 지난 1만 년 전 환국에서 배달·조선·북부여 이래로 계승되어

온 우주의 원형심리를 '환桓'이라 하였습니다. '환'은 우주 광명을 뜻합니다. 우리나라 국명인 '대한민국大韓民國'의 '한'은 '우주 광명을 체득한 인간'이라는 뜻으로, 인간을 하늘의 광명을 내려 받은 신성한 존재로 자리매김한 것입니다. 즉 대한이란 후천 상생의 세상을 여는 주인공으로, 우리가 바로 그 대한大韓입니다. 그래서 우리 모두는 우주 광명, 환이자 대한으로서 상생의 실천하는 삶을 살아야 하는 것입니다.

지금 인류는 어느 때 살고 있는가

지금 인류는 어느 때 살고 있을까요? 지금은 인류가 살 수 없는 겨울도 아니고 인류가 처음 생겨난 봄도 아닙니다. 인류가 하나가 돼서 사는 성숙기, 가을도 아닙니다. 지금은 바로 지구촌 80억 인류가 곧 100억 명 시대를 앞둔 분열의 극기, 우주의 여름철입니다. **우주의 여름에서 가을로 넘어갈 때는 반드시 천지의 원 주인이신 천주 아버지, 성부님이 인간 세상에 개입을 하십니다.** 직접 인간 역사 속에 한 인간으로 직접 오시는 것입니다. 바로 이것을 선언한 것이 우리나라 근대사의 출발점인 동학東學입니다.

공자 석가 예수를 내려 보내심

예수를 믿는 사람은 예수의 재림을 기다리고 불교도는 미륵의 출세를 기다리고 동학 신도는 최수운의 갱생을 기다리나니 '누구든지 한 사람만 오면 각기 저의 스승이라.' 하여 따르리라.

경주 용담정 입구에 있는
최수운 대신사 동상

전봉준 장군과
동학혁명군

'예수가 재림한다.' 하나 곧 나를 두고 한 말이니라.

공자, 석가, 예수는 내가 쓰기 위해 내려 보냈느니라.

(『도전』 4:59)

그런데 창세역사가 왜곡됨으로써 근대사의 소중한 첫 선언도 다 무너져버렸습니다. 그래서 지금 한국인은 동학이 무엇인지, 동학혁명의 진정한 정신이 무엇인지 모르고 그냥 촌사람들이 모여 '시천주 조화정'을 외친 정도로만 알고 있습니다. 동학을 모르는데 과연 어느 누구가 천주 아버지의 새 세상 선언을 인류 구원을 위한 최후의 말씀으로 받아들일 수 있겠습니까?

상제님께서는 '공자, 석가, 예수는 내가 쓰기 위해 내려 보냈다. '예수가 재림한다'고 하나 내가 올 것을 말함이다'라고 말씀하셨습니다. 따라서 선천의 성자들을 내려보내신 하느님께서 열어 주신 참동학, 증산도 사상은 9천 년 역사와 종교, 문화의 최종 결론이 되는 우주사상입니다. 증산도의 원시반본 사상은 각 민족과 국가가 자기 조상의 근원, 원형정신을 찾고, 더 나아가 인류의 뿌리를 찾는 것입니다. 그리고 궁극적으로 **'우주의 가을 정신으로써 성숙하라'**는 것입니다. 이제 일체의 상극을 청산하고 남을 도와주고, 잘되게 하며 잘살게 해 주는 상생의 삶을 살아야 합니다. 해원과 상생이 아니면 가을철로 갈 수 없습니다.

그래서 상제님께서는 오늘날 인류 역사문화의 상극 세상을 건져 낼 유일한 법방은 바로 우주질서를 바꾸는 것이라 하셨습니다. 그동안은 '우주에도 사계절이 있다'는 진리의 원본이 안 나왔기 때문에 이런 이야기를 들을 수 없었습니다. 그러나 이 진리의 원본을 상제님께서 직접 선언하셨습니다. 상제님께 서는 최수운 대신사에게 "개벽 후 5만 년에 네가 처음이로다." 라고 말씀하셨습니다. 그리고 우리는 비로소 참동학 증산도에 서 우주 1년 이야기를 처음 듣고 있는 것입니다.

이 우주 1년 이야기에서 여름과 가을이 바뀌는 하추교역기에 는 천지의 원 주인이신 천주 성부님이 직접 인간 세상에 오셔 서 선천 상극질서 속에서 원통하게 죽어간 헤아릴 수 없이 많 은 창생들의 원寃을 끌러 주십니다. 땅도 이름 없는 땅에 길운 吉運이 돌아오고, 사람도 이름 없는 사람이 기세氣勢를 얻어 해 원을 하는 것입니다. 그래서 상제님께서는 "이때는 해원시대解 寃時代라."(도전 2:24)라고 하셨습니다.

그러나 상생으로 그 원통한 것을 끌러야 됩니다. 다른 사람 을 쓰러뜨리고 내가 잘되는 상극의 방식으로 해원하는 것은 다시 무너질 수밖에 없고 돌이킬 수 없는 패망의 길로 가는 것 입니다. 그래서 아무리 깊고 어려운 고난과 어둠에 빠졌다 할 지라도 우리 모두 가을개벽을 넘어 앞으로 오는 후천 5만 년 지상 선경낙원을 향해서 머나먼 진리의 대장정을 함께 나갈 것 을 축원합니다.

위험수위를 넘은 지구의 개벽시간대

증산도의 안운산安雲山 태상종도사님께서는 '초목도 봄에는 생겨나고 여름에는 자란다. 마찬가지로 자라는 아이한테 왜

철부지한 짓을 하냐고, 왜 성숙이 안 됐냐고 자
꾸 혼을 내고 두들겨봐야 되지를 않는다. 그러나
가을철이 되면 저 풀씨 같은 것도 다 여물지 않
는가. 그건 여물기 싫어도 여무는 것이다. 천지
이치가 그렇게 돼 있다'라고 말씀하셨습니다. 이
천지 대자연도 목적이 있어서 둥글어 가는 것입니다. 우주 시
간의 화살이 목적을 가지고 봄에서 여름, 여름에서 가을로 둥
글어 갑니다. 요즘 우주과학에서는 지구가 태양계 안에서 어딘
가를 향해 화살표처럼 달려가는 영상을 보여줍니다.*

볼텍스Vortex 이론으
로, 태양계 전체가 회오
리 모양으로 회전운동을
하며 더 큰 주기를 향해
움직인다는 이론이다.

　지금 우리 인류는 어디에 와 있을까요? 나사NASA의 고다르
우주연구소(GISS) 소장 제임스 핸슨James Hansen(1941~)은 '우
리가 위험 수위를 지나고 파멸의 순간을 넘어 섰다고 생각한
다'(『만화로 보는 기후변화의 거의 모든 것』, p.108)라고 했습니다. 지
구 온난화로 인한 해수면 상승은 이미 오래 전부터 시작되었
고 지금은 심각한 지경에 이르렀습니다. 미국의 전 부통령 앨
고어Al Gore(1948~)는 『위기의 지구』에서 '지구의 역사에 견주
어볼 때 지구 온난화는 빛의 속도로 이루어지고 있다'고 말했
습니다.

　또한 최근에는 꿀벌, 새, 물고기, 산짐승이 집단으로 떼죽음
을 당하는 사건들도 자주 일어나고 있습니다. 이러한 일들이
벌어지는 것은 지구상에 생명체가 살 수 없는 환경이 조성되고
있기 때문입니다.

『만화로 보는 기후변화의 거의 모든 것』으로 본 기후변화의 심각성

* 기후학자 에르베 르 트뢰트: "위험수위를 넘은 지 오래입니다. 대기의 자연정화 능력은 1960~1970년대에 이미 포화 상태에 이르렀다." (p.108)

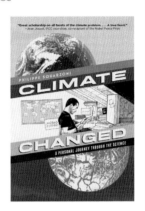

* 기후학자 장 주젤: "해수면 상승은 이미 돌이킬 수 없습니다. 기후가 안정된다 해도 앞으로 몇 세기동안은 계속 상승할 것입니다. 이처럼 우리가 제어할 수 없는 일들이 벌어지고 있습니다." (p.253)

* 지구 온난화가 진행되면 물의 증발도 활발해지므로 자연히 대기 중 수증기 양도 증가한다. 지구온난화 자체가 온실효과를 증가시키는 것이다. 특히 대기보다 60배나 많은 이산화탄소를 흡수하는 바다는 가장 중요한 저장소다. 수온이 높아지면 바다의 이산화탄소 흡수 능력은 저하된다… 기온상승의 징후는 2003년에 이미 나타났다. 약해진 생태계는 50억 톤의 이산화탄소를 배출했다. 4년 동안 흡수할 양을 토해 버렸다. (p.136~139)

선천 성자들이 전한 구원관의 최종 결론

그러면 선천 종교에서 전하는 메시지의 최종 결론은 무엇일까요?

불교의 『미륵상생경종요彌勒上生經宗要』에서 원효元曉(617~686) 스님은 '미륵님! 당신은 누구십니까?'라고 아주 멋있는 문

최근 일어난 '떼죽음' 사건

- 2015년 이후   미국내 벌집 42%의 벌 떼죽음
- 2015년 5월   카자흐스탄 영양의 60%인 20만 마리가 3주
                     사이 떼죽음으로 멸종위기
- 2017년 8~11월   브라질 상파울루 인근에서 황열병으로 원숭이
                     떼죽음
- 2017년 10월   아프리카 나마비아에서 하마 109마리 떼죽음
- 2017년 10월 14일   파라과이에서 물고기 수천 마리 떼죽음
- 2017년 12월 9일   항 바다에서 새우 떼죽음
- 2018년 1월 7일   호주에서 폭염으로 박쥐 수천마리 떼죽음
- 2018년 1월 29일   멸종위기 프란시스카나 돌고래 떼죽음
- 2018년 1월 29일   고창 양식장에서 숭어 16만 마리 떼죽음
- 2018년 3월 4일   영국 켄트주 해변에서 불가사리 수천 마리
                     떼죽음
- 2018년 3월 23일   호주 서부 해변에서 들쇠고래 135마리 떼죽음
- 2018년 4월 9일   베트남 남동부 지방의 극심한 가뭄으로 가축
                     떼죽음

석가의 열반 후 정법
正法 500년·상법像法
1000년 이후 오는 말법
末法 시기로 불법이 쇠
퇴하여 수행자도, 깨달
음을 이루는 자도 없는
시기로 교만과 시비가
넘치는 때라 한다.

학 언어로 미륵부처님을 부르짖었습니다. 『미륵
하생경彌勒下生經』에는 말법*에 미륵님이 출세를
한다고 합니다. 석가가 '도솔천 천주님이 오시니
너희들은 마땅히 한 사람도 빠짐없이 앞으로 오
시는 저 도솔천 천주님, 미륵불에 귀의하라'하고
제1의 진리 명령을 내리신 것입니다.

기독교의 『성경』「요한계시록」에는 사도 요한
이 백보좌에 앉아 계신 아버지 하나님의 말씀을
전하고 있습니다.

"I am the Alpha and the Omega." says the Lord God, "who is, and who was, and who is to come, the Almighty."

주 하나님이 이르시되 "나는 알파와 오메가라. 이제도 있고, 전에도 있었고, 장차 올 자요, 전능한 자라."하시더라. (「요한계시록」 1:8)

He who was seated on the throne said, "I am making everything new!"

보좌에 앉으신 이가 이르시되 "보라, 내가 만물을 새롭게 하노라." (「요한계시록」 21:5)

전라북도 김제 금산사의 미륵장륙상彌勒丈六像

『미륵하생경』은 『미륵상생경』, 『미륵대성불경彌勒大成佛經』과 더불어 미륵에 대해 설한 세 가지 근본 경전인 미륵삼부경彌勒三部經 중 하나이다. 그리고 『미륵상생경종요』는 신라 시대 때 원효가 쓴 『미륵상생경』에 대한 주석서이다. 『미륵하생경』에 따르면 도솔천에 있는 미륵이 미래에 이 세상에 태어나 용화수龍華樹 아래에서 성불한 후 세 번의 법회에서 설법하여 수많은 중생을 구제한다고 한다.

금산사는 백제 법왕 원년(599)에 지명법사智明法師가 창건한 뒤, 신라 경덕왕 21년(762)에 진표율사眞表律師가 목숨을 건 3년의 구도 끝에 미륵불을 친견하고 불상을 세움으로써, 용화낙원을 염원하는 민중에게 미륵신앙의 근본도량이 된 곳이다.

도교의 『음부경陰符經』은 '천생천살天生天殺 도지리야道之理也'라고 전합니다. 하늘에서 만물을 내놓고 죽이는 것은 도의 이치이고 우주의 법칙이라는 것입니다.

유가에서는 '천상의 하나님이 동방 땅으로 오신다. 천지의 모든 변화는 동북 간방艮方에서 마무리되고 새로 시작된다'고 하였습니다. 지구를 놓고 보면 동북 간방, 그 핵은 바로 지구의 혈穴 자리에 위치한 한반도, 대한민국입니다.

帝出乎震… 艮東北之卦也.
제출호진　　간동북지괘야

萬物之所成終而所成始也. 故曰成言乎艮.
만물지소성종이소성시야　고왈성언호간

상제님께서 동방 땅에 오신다… 간은 동북의 괘이니 만물이 마침과 새로 시작함을 이루는 바라. 고로 간방에서 말씀이 이루어진다. (『주역周易』「설괘전說卦傳」)

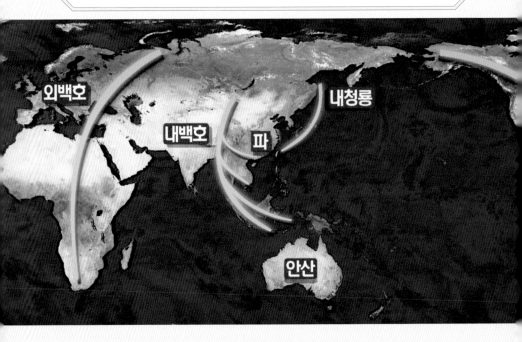

힌두교의 성전聖典 『푸라나Purāṇa』에서는 비슈누Viṣṇu 신의 열 번째 아바타Avatāra인 칼키Kalki가 백마를 타고 인류를 건지러 오신다며 미륵의 출세를 말합니다.

이슬람교에도 마호메트의 언행록인 『하디스Hadīth』를 보면 열두 번째 이맘imām*인 마흐디mahdī**가 심판의 날 전에 숨어 있다가 인류를 건지기 위해서 온다는 전설이 있습니다.

이처럼 **모든 선천종교의 결론은 바로 '한 분'이 오신다는 것**입니다. 이러한 이야기가 『이것이 개벽이다』 상권에 자세히 실려 있는데 그 중 인류의 영능력자들이 전한 앞으로 새로운 세상이 오는 이야기를 잠깐 살펴보기로 하겠습니다.

이슬람교 교단의 지도자

아브라함, 무함마드, 알리 외 4명의 정통 칼리프, 아바스 왕조 칼리프인 나시르 등을 마흐디라 부르나 메시아를 뜻하기도 한다. 특히 카이산파에서 마흐디는 무함마드로, 무함마드가 죽은 것이 아니라 모습을 감추고 있는 것이며 심판의 날에 지상에 재림해서 죄와 부정의 세상을 없애고 정의를 실현하는 구원자라 한다. 그리고 12이맘파는 제 12대 이맘이 숨은 메시아가 되었다고 한다.

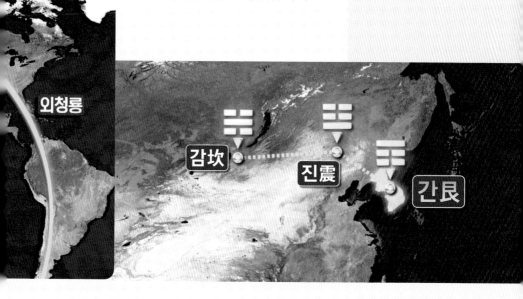

외청룡

감坎   진震   간艮

비슈누의 열 번째 현현, 칼키

힌두교에서 우주를 보호하고 유지하는 신으로 태양신에서 기원했다. 창조의 신인 브라흐마Brahma와 파괴의 신인 시바Shiva와 함께 힌두교의 삼주신(Trimūrti) 가운데 하나다. 비슈누는 힌두교의 신들 중에서도 가장 자비로우며 세상을 구제하는 수호신으로서 위상이 높다. 특히 세계의 질서와 도덕이 문란해질 때 아바타로 세상에 나타난다고 한다. 그 열 가지 아바타는 마츠야Matsya(물고기), 쿠르마Kurma(거북이), 바라하Varāhā(멧돼지), 나라심하Narasiṃha(반인반수), 바마나Vāmana(난쟁이), 파라슈라마Paraśrama, 라마Rāma, 크리슈나Kṛṣṇa, 고타마 붓다Gautama Buddha, 그리고 마지막으로 암흑과 다툼의 시대인 칼리 유가Kali Yuga 말기에 현현한 칼키Kalki가 있다. 칼키는 보통 백마를 타고 칼을 든 영웅의 모습으로 묘사되는데, 타락하여 무너져 가는 마지막 시대에 나타나 세상의 모든 악을 멸하고 새로운 평화의 시대를 연다고 한다.

비슈누Viṣṇu와 칼키Kalki

동서양 영능력자들의 공통된 메시지, 두 번째 이야기

참 하나님께서 인간 세상에 등장하신다. 그분의 도법을 만나야 한다.

1. 노스트라다무스

노스트라다무스가 아들 세자르에게 남긴 메시지 중에서 가장 놀라운 내용은 하나님이 당신의 의도를 이루시기 위해서 직접 강세하신다는 소식이다. 우주의 통일 기운이 무르익어 지존무상하신 백보좌 하나님께서 당신이 주재하여 다스리는 만물을 결실하시기 위해 강세하심을 전한 것이다.

> 위대하시고 영원한 하나님은 변혁을 완수하기 위하여 오실 것이다. 천체는 그 운행을 다시 시작할 것이며, 지구를 안정시키는 뛰어난 회전 운동은 영원히 그 축 위에 기울어진 채로 있지는 않을 것이다. 그것은 하나님의 의지대로 완수될 것이다. (「아들에게 보내는 편지」)

> 동양인이 자기 고향을 떠나리라. 아페닌 산맥을 넘어 골에 이르리라. 하늘과 물과 눈을 넘어 누구나 그의 장대에 맞으리라. (『백시선』 2:29)

2. 격암 남사고

남사고는 인류 대변혁기의 실체를 모르는 유불선 기성종교를 안타깝게 여기며 새 진리의 탄생을 전하였다. 미륵존불이 바로 예로부터 동방 조선의 백성들이 모셔온 상제님이시므로 구원의 부처이신 그분의 출세 소식을 알고, 그 진리를 담은 말씀 책을 만나야 한다고 강조하였다.

미륵불이 출현하건만 유불선이 부패하여 아는 군자 누구인가. 하늘 주인을 모시는 보살을 깨닫지 못하고 미륵불을 제 알쏜가.

이때는 천지가 뒤집어지는 시대이니 하나님이 사람으로 내려오는 때인데, 어찌 영원한 생명이 있음을 모르는가. (『격암유록』「가사총론」)

천하의 문명이 간방에서 시작하니, 동방예의지국인 조선 땅에서도 호남지방 전라도에서 천지의 도를 통하니 무극의 도라. (『격암유록』「성운론」)

성스러운 진리의 책은 상제님의 말씀이 담겨 있다. 생사의 이치를 밝히고 말씀으로 심판하신다. 소리 없고 냄새 없고 별 맛이 없으면서도 대자대비하고 만물을 사랑하시니 한 사람의 생명이 우주보다 귀하다.

지혜가 있고 먼저 깨친 자들이 합하고 합하여 사람들을 근본자리로 돌아오게 하고 도성덕립을 시키지만 사람들이 이를 깨치지 못하니 한심하도다. (『격암유록』「정각가」)

고통의 바다에 빠진 중생들이여, 빨리 오소. 소리도 없고 냄새도 없는 상제님이 후박간에 다 오라네. 부를 적에 속히 오소. 때 늦으면 후회하고 통탄하리니 일가친척 부모형제 손목잡고 같이 오소. (『격암유록』「궁을도가」)

동방의 금수강산, 우리 조선에 천하의 새 기운이 돌아든다. 태고 이래 처음 있는 무궁한 도법이 꽃피니, 무궁화 동산 조선은 세계의 중심으로 화하고 세계 모든 백성의 부모 나라가 되리라. (『격암유록』「말운가」)

남사고는 문명이 전환하는 위험과 기회의 시기에 신성한 주문과 성물을 만나 구원을 받음으로써 전 인류가 다 함께 노래하는 시대를 선언하였다. 아울러 가을개벽의 근본 주제인 백조일손百祖一孫, 서신사명西神司命과 백보좌白寶座 하나님, 해인조화海印造化 등의 천도天道의 비밀을 소상히 전하였다.

> 죽음이 끝나고 삶이 시작되는 때가 바로 이때로다. 어두운 시대는 지나가고 밝은 세상이 오는 신선의 운에는 백보좌 신의 심판이 있도다. (『격암유록』「성운론」)

> 진짜 성인 한 사람을 알려거든 소 울음소리가 나는 곳을 찾아드소. (『격암유록』「송가전」)

> 산을 뒤엎고 바다를 옮기는 해인을 용사하여 마음대로 해인을 써 왕래하면서, 무위이화의 자연스런 이법으로 백발의 늙은 몸을 가진 쓸모없는 자가 신선의 풍모를 지닌 소년이 되며 늙지 않고 쇠약해지지 않는 영원한 생명을 가지니 극락의 꿈이 아닐런가! 병을 골수에 가지고 있던 불구자도, 죽었던 자도 다시 생명을 얻어 소생하니 과연 불가사의한 해인이로구나. (『격암유록』「도부신인」)

> 때가 이른 것을 알지 못하니 철부지로다. 치야도래하니 때를 알지라. (『격암유록』「가사요」)

3. 신교총화

『신교총화』는 고려시대 자하 선인과 팔공 진인이 전한 병든 세계를 치유하는 대도 진리와 세계 구원의 성자 출현에 대한 희망의 소식을 전한다.

신교는 뭇 종교의 조상이며 모체가 되는 뿌리 진리이다. 세상에서 행하여지는 삼교의 진리를 보면 도교에서는 은둔 수행하여 장생불사하고, 불교에서는 고요히 선정하여 심법을 닦고, 유교에서는 기강을 펴고 인륜을 밝히는 것에 지나지 않는다. 이것들은 모두 신교의 심오하고 광대한 진리에 위배될 수 없는 것이다.

마침내 신명의 도는 신도의 회복으로써, 인간 구원의 도는 새로운 도의 개벽으로써만 가능하리니 연후에 건곤 천지가 다시 광명을 회복하게 되리라. 오직 우리나라의 종교가 장차 천하를 건져내는 제1의 진리가 되리라. 신조(단군왕검) 때의 옛 영토를 다시 찾게 되리라. 후에 신인합발의 도가 세계에 구원의 광명을 크게 떨치게 되리라.

상제님의 인류 구원의 처방, 우주질서의 대전환

그러면 실제 개벽이 되고 난 후천 세상은 어떤 모습일까요?

증산 상제님과 천지 어머니이신 고高 수부님의 천지개벽 공사를 기록한 『도전』을 보면 앞으로 올 새 세상의 놀라운 모습을 볼 수 있습니다. 김형렬 성도는 상제님의 대행자인데 평소에 도통道通을 원했습니다. 그래서 하루는 상제님께서 한순간에 도통을 열어 주셨습니다.

김형렬에게 열어 주신 도통의 경지

하루는 상제님께서 김형렬金亨烈을 불러 "너의 천백번 소청이 도통하는 것이었으니 오늘은 너에게 도통을 내

려 주리라." 하시니 그 즉시 형렬의 눈앞
에 삼계가 환히 트이며 삼생三生이 밝게
비치고 일원세계一元世界가 눈앞에 있고
사해중생四海衆生이 마음에 나타나며, 모
든 이치가 뚜렷이 드러나고 만상萬象이 펼
쳐지며 서양에도 마음대로 가고 하늘 끝
으로 새처럼 날아오르기도 하며, 풍운조
화風雲造化가 마음대로 되고 둔갑장신遁
甲藏身이 하고자 하는 대로 이루어지며 천

상제님의 수석성도 김형렬
(1862~1932)

지가 내 마음과 일체가 되고 삼교三敎를 두루 쓰며, 모
르는 것이 없고 못하는 바가 없게 되나라.

　이에 형렬이 기쁨을 이기지 못하고 있는데, 며칠 지나
지 않아 상제님께서 "이제 그만 거두리라." 하시니 그 말
씀이 떨어지자 바로 밝은 기운이 모두 사라져 겨우 신명
의 출입을 보고 신명과 문답만 조금 할 수 있게 되나라.

(『도전』 7:6)

　상제님께서 도통을 열어주신 사건과 그 도통경계를 동학의
주문에서도 찾아볼 수 있습니다. 바로 '시천주侍天主 조화정造
化定 영세불망만사지永世不忘 萬事知 지기금지원위대강至氣今至願
爲大降'으로, '천주님을 모시고 조화 세계를 연다, 조화 세계를
결정짓는다'는 뜻입니다.

　이렇게 상제님께서 열어 주신 도통으로 김형렬 성도가 '조화
정'이 되니 온 우주가 김형렬 성도와 한마음이 된 것입니다. 그

리고 무엇이든지 생각대로 이루어지고, 유·불·선 진리가 융합돼서 현현顯現하고, 축천축지縮天縮地로 한순간에 하늘을 가고, 지구 저 밖을 갈 수 있었습니다. 앞으로 이렇게 시간과 공간을 축척縮尺해서 손아귀에 쥐고 사는 새 세상이 오는 것입니다. 그때가 되면 인류의 몸집이 커지고 수명도 길어져서 보통 7백 세, 9백 세, 더 오래 살면 1,200세까지 살 수 있습니다. 이따금 돌발사건으로 빨리 죽어도 5백 세라고 합니다. 이것이 『도전』에 있는 상제님, 태모님의 공사 내용입니다.

지금의 이 선천 세상이 무병장수하는 후천의 지상 선경낙원, 신선 세상을 향해서 가고 있지만 후천은 가만히 앉아 있으면 그냥 오는 세상이 아닙니다. 우리 인류는 과학은 과학대로, 정신문화는 정신문화대로 고도의 경쟁을 하는 선천 여름철의 마지막 상극의 우주에서 살고 있습니다. 이제 후천 상생의 우주로 도약하기 위해서 우리 모두 형제자매처럼 하나가 돼서 선천의 마지막 하추교역기에서의 삶을 살아가고 있습니다.

그러면 상제님이 천지의 원 주인, 천주 아버지로 오셔서 어떻게 이 선천 세상을 후천 가을 우주로 바꿔 놓으셨을까요? 그것은 **바로 천지의 질서를 바꾸는 것**입니다. 환경을 바꾸지 않고 '네가 나쁘다. 너의 믿음이 잘못됐다. 너의 기도가 약하다'고 하는 것은 근본이 잘못된 가르침입니다. 더운 방에 갇힌 사람이 땀을 흘리면서 '더워, 더워! 목이 타니 물을 달라'고 하는 것이 잘못된 것일까요? 선천 우주의 불의 계절인 여름철의 마지막에는 지구 온난화로 갈수록 날이 더워지고 이상기후 현상이나 대지진 같은 환경 재앙이 잦아지는데 이것은 가을개벽이

사하라 사막에 내린 40cm의 눈

지구 온난화로 죽어가는 북극곰

오는 전조입니다. 이런 현상들은 인류의 삶을 위협하는 가장 중대한 문제입니다.

그렇다면 개벽을 극복하는 방법은 없을까요? 상제님께서는 이 문제에 대해 한마디로 '판 안 끗수 소용 있나'(도전 6:74)라고 하셨습니다. '판 안 끗수'라는 것은 선천 인류가 나름대로 연합을 해서 무언가를 만든다는 말인데, 과연 그것만으로 이 우주 질서를 바꾸어 놓을 수 있을까요? 상제님의 말씀은 '선천의 판 안 공부법으로는 세상을 건져낼 수가 없다'는 것입니다. 선천 상극질서로 이 대우주가 병들어 있습니다. 하늘과 땅이 병들어서 그 속에 사는 인간과 신도 모두 다 병들었습니다. 그래서 이 천지의 병을 고쳐야 됩니다. 그리고 **천지병天地病을 고치려면 선천 상극의 질서를 후천 상생의 새 질서로 바꾸어야 되는 것입니다.**

天下가 皆病이니라
천하　개병

천하가 모두 병들어 있느니라. (『도전』5:347)

천지병을 고치시는 상제님의 무극대도

선천 상극 세상에서 원과 한이 작은 사람은 그걸 잘 삭히고, 기도하고, 남을 용서할 수가 있습니다. 그런데 가문이 파괴되고, 족속이 멸족당하여 생기는 큰 원한은 문제가 다릅니다.

예를 들면, 우주 광명 문화를 지향해서 미륵의 대행자, 전륜성왕轉輪聖王을 자처하여 '성명왕聖明王'이라 불린 백제 26대 성

왕聖王(?~554)은 일본에 불교를 전했습니다. 본
래 일본은 불교를 받아들이기 전부터 전통 신
도神道가 있었습니다. 지금도 일본에는 한 10
만 개 이상의 신사神社가 있는데 이 신사문화
의 주제가 신도입니다. 그런데 사실 신도 문화
는 우리의 1만 년 신교 문화를 더 격상시켜 받
든 것으로, 신도에서 섬기는 대상은 바로 1만
년 역사 문화의 주제인 태일신太一神입니다.

백제 제26대 성왕
(재위 523~554)

　전륜성왕은 산스크리트의 '바퀴(cakra)'와
'굴리다(vartin)'에서 유래한 세계적 통치자에 대한 고대 인도의
개념이다. 전륜성왕은 '다르마Dharma을 실천하는 왕, 다르마
의 바퀴를 굴리는 왕, 혹은 통치영역이 전 세계에 이르는 정의
로운 왕'으로, 불교에서는 미륵불의 대행자로 정의된다. 특히
전륜성왕이 세상에 출현하면 칠보七寶가 저절로 갖추어져서 무
력이 아니라 정법正法으로 세계가 통일되어 세상을 다스린다고
한다. 불교를 수용한 국가에서 전륜성왕을 자처한 통치자가
많았다. 우리나라에서는 신라의 진흥왕과 법흥왕, 백제의 성
왕과 무왕, 대진(발해)의 문왕 등이 전륜성왕을 자처했다.

　그런데 일본에 불교가 전해지자 신도를 모시던 국신파國神派
모노노베(物部) 집안과 백제가 뿌리여서 불교를 섬길 것을 주장
한 숭불파崇佛派 소가씨(蘇我氏) 집안 사이에 싸움이 벌어졌습니
다. 그 결과 1만 년 전통사상을 주장하던 모노노베 집안이 멸
족을 당하고 말았습니다. 이처럼 큰 원한의 역사는 일본뿐만
아니라 세계 여러 나라에 많이 있습니다.

우리나라에서도 근세 조선의 역사를 보면, 건국 후 왕권을 잡을 때 고려 왕건의 자손들을 강화도로 귀향 보내며 바다 속에 집어넣어 떼죽음을 시켜 버렸습니다. 그래서 살아남은 왕王씨들은 밭 전田, 구슬 옥玉, 온전 전全 등으로 변성變姓을 하고 살아왔습니다.

尹邦慶等投王氏于江華渡.
윤방경등투왕씨우강화도

윤방경 등이 왕씨를 강화 나루에 던졌다. (『태조실록』5권, 태조 3년 4월 15일 조)

孫興宗等投王氏于巨濟之海. 令中外大索王氏餘孽
손흥종등투왕씨우거제지해   영중외대색왕씨여얼

盡誅之.
진주지

손흥종 등이 왕씨를 거제 바다에 던졌다. 중앙과 지방에 명령하여 왕씨의 남은 자손을 대대적으로 수색하여 이들을 모두 목 베었다. (『태조실록』5권, 태조 3년 4월 20일 조)

令前朝賜姓王氏者 皆從本姓. 凡姓王者
영전조사성왕씨자   개종본성   범성왕자

雖非前朝之裔 亦從母姓.
수비전조지예 역종모성

고려 왕조에서 왕씨를 받은 사람에게는 모두 본래의 성을 따르게 하고, 무릇 왕씨의 성을 가진 사람은 비록 고려 왕조의 후손이 아니더라도 또한 어머니의 성을 따르게 하였다. (『태조실록』5권 태조 3년, 4월 26일 조)

또 세조는 자기의 어린 조카 단종의 왕위를 뺏고 목매달아 죽게 했습니다. 그러자 세조의 형수인 현덕왕후가 꿈에 나타나서 어린 내 아들을 죽였다고 침을 뱉으며 저주를 했고, 세조는 현덕왕후의 침을 맞은 자리에 피부병이 생겨 평생 고생하다가 결국 악성 피부종양으로 죽었다고 합니다. 당시 세조의 왕위 찬탈을 도왔던 한명회 역시 아우가 스물아홉 나이에 요절하고, 왕비가 된 두 딸도 10대 후반에 죽어버렸습니다.

이처럼 대대손손 내려온 원과 한의 우주적인 유전은 인류 역사에서 헤아릴 수 없이 많습니다. 그러나 이러한 원한의 문제는 직접 겪어보지 않은 사람은 절대로 알 수가 없습니다. 그래서 우리는 늘 용서하는 삶을 살아야 하는 것입니다.

역사 속에서 삶과 가정이 완전히 파괴되거나 심지어 멸족을 당하고, 민족이 패망당한 깊은 원한은 우주 역사와 더불어 흘러갑니다. 그래서 상제님께서는 이런 만고의 원신冤神과 실패

어린 단종이 유배되어 쓸쓸히 죽음을 맞았던 영월 청령포

현덕왕후상(서수영 作, 2011)

한 혁명가들, 구족이 멸족 당한 그 신명들을 시비가 없는 우주의 다른 별자리로 보내서 보금자리를 만들어 준다고 하셨습니다. 이처럼 해원 사상은 그 구원의 영역이 우주적으로 확대되어 있습니다. 상제님의 구원은 병든 하늘땅과 인간, 그리고 신도세계를 고치는, 천지병을 근원적으로 고치는 것입니다. 그래서 상제님께서 '판밖의 남모르는 공부를 하라'고 하신 것입니다. 이 판 밖의 공부는 종교가 아닙니다. 일찍이 동학에서 '무극대도無極大道 닦아내니 5만 년 운수로다'라고 선언한, 인간으로 오신 천주님의 도道, 무극대도입니다.

제3의 신교, 동학의 위대한 선언

지나간 1만 년 역사에서 볼 때, 선천 문화는 신교 문화라 할 수 있습니다. 그런데 제1의 신교에서 뻗어나간 제2의 신교, 유·불·선·서교가 2~3천 년 만에 가을 천지개벽의 운을 당했습니다.

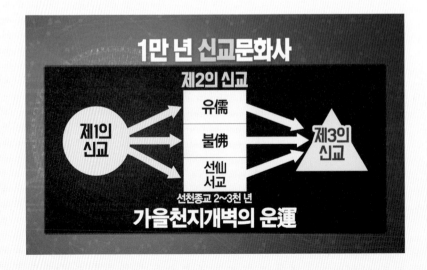

'이때는 하늘에 계신 우리 아버지가 오신다', '도솔천 천주님이 오신다', '동방 땅에서 우주의 원 천주님이신 상제님이 오신다'는 말은 모두 선천 종교의 성자들이 외친 인류 구원에 대한 최종 선언인 것입니다. 그리고 실제 그 천주님이 동방 땅에 오셨습니다. 성자들이 외친 바로 그 '인간으로 오신 천주님'이신 상제님께서는 "선경세계는 내가 처음 건설하나니, 나는 옛 성인의 도나 옛 가르침으로 하지 않느니라."(도전 2:41)라고 말씀하셨습니다. **상제님의 이 말씀은 '후천 5만 년 지상 선경낙원, 즉 지상천국은 바로 내가 처음 건설한다'는 뜻입니다.**

2천 년 전부터 기독교에서 인류에게 미리 내려준 구원의 복음은 하나님의 천국(The Kingdom of God)이 가까이 왔나니 마음을 고치라는 것입니다. 그런데 하나님의 천국은 예수 성자가 건설하는 게 아니라 바로 '하늘에 계신 우리 아버지'께서 인간으로 오셔서 건설하십니다. 그런데 지금의 기독교는 아버지 문화가 아니라 아들의 종교, 성자의 종교가 돼 버렸습니다. 성경을 보더라도 아버지의 말씀은 몇 문장밖에 없습니다.

그런데 기독교에서 잃어버린 아버지의 이야기를 동학이 다시 전하고 있습니다. "개벽 후 5만 년에 네가 처음이로다." "나의 주문을 받아라." 아버지의 이 말씀은 '나의 주문으로 우주의 역사와 인간의 역사를 바꾸면, 한 사람 한 사람의 일상과 생각이 바뀌어 모든 인생이 바뀌기 시작한다'는 것입니다. 이것이 동학의 위대한 현대문명사의 첫 선언인 것입니다.

인류의 마지막 희망, 동학문명

상제님께서 9년 천지개벽 공사를 보시면서 "이때는 천지의 비극적 시운時運으로 이름 없는 악질惡疾이 창궐하리니, 만약 선의仙醫가 아니면 만조萬祖에 일손一孫이라도 건지기 어려우리라."(도전 3:11)고 말씀하셨습니다. '이때는 천지의 비극적 시운'이라는 말씀은 어떻게 하려고 해도 되지 않고, 그렇게 하지 않으려고 해도 그렇게 될 수밖에 없는, 우주의 인과율이 결정적으로 작용하는 하추교역의 때라는 것입니다.

우주 만유가 분열, 성장하는 봄여름의 양도陽道 시간대에서 통일, 성숙하고 크게 조화하는 후천 음도陰道, 곤도坤道의 새 문명의 시간대로 들어가는 우주 가을개벽기를 맞아, 상제님께서는 "이제 하늘도 뜯어고치고 땅도 뜯어고쳐 물샐틈없이 도수를 굳게 짜 놓았으니 제 한도限度에 돌아 닿는 대로 새 기틀이 열리리라."(도전 5:416)라고 하셨습니다. 『도전』을 읽으며 상제님께서 말씀하신 이 도수度數에 대해 공부해보면 **세계 역사의 질서가 삼변성도三變成道로, 크게 세 번 굽이쳐서 선천 세상의 상극이 종결되고 가을철 변화로 들어간다**는 것을 알 수 있습니다. 상제님께서는, 인류를 교화하기 위해 내려 보내신 석가·공자·예수 성자처럼 인간의 삶의 길을 가르치고 선과 악을 가르치려고 세상에 내려오신 것이 아닙니다.

東有大聖人하니 曰東學이요
동유대성인　　曰동학

西有大聖人하니 曰西學이라.
서유대성인　　曰서학

都是敎民化民이니라.
도시교민화민

동방에 대성인이 있으니 곧 동학이요, 서방에 대성인이
있으니 곧 서학이라. 이는 모두 창생을 교화하는 데 그
사명이 있느니라. (『도전』 5:347)

동방에 대성인이 있으니 동학이요, 서양에 대성인이 있으니
서학인데, 상제님께서 내려 보낸 동서의 성자들은 백성을 가르
쳐서 변화된 사람으로 만들려 했다는 말씀입니다. 그러나 사
실 변화가 잘 되지 않았습니다. 지금은 일반적으로 종교 혐의
嫌疑 시대입니다. 서양의 교회를 가보면 텅텅 비어서 '선데이 처
치sunday church'라고 부릅니다. 청교도 혁명의 고향인 영국에
도 제대로 믿는 교인은 3%도 안 된다고 합니다. 그래서 앞으
로 기독교 복음의 희망은 아프리카, 북한이라는 이야기가 나
올 정도입니다.

이렇게 지금 대세는 **선천의 문화, 역사, 종교시대가 동학에
서 이미 종결**된 것입니다. 동학의 선언은 선천문명 사망 선고
를 한 것입니다. 그러나 오늘날 동학이 완전히 잠들어 있습니
다. 인류의 진정한 궁극의 마지막 희망인 동학문명이 완전히
무너져 있습니다. 오늘 우리는 이것을 깨워야 됩니다. 우리 모
두 한마음으로 각성해서 새 역사를 여는 진정한 희망의 태양
을 띄워야 하는 것입니다.

40년 후에는 영국의 교회가 없어질 것이라는 비관적인 전망이 있다. 1980년 이후 9,000여 교회가 문을 닫았고, 2000년 이후에는 매주 평균 4개의 교회가 문을 닫고 있다. (기독교신문「News-power」, 2012.10.3)

맥주 주점으로 바뀐 미국 피츠버그의 성 요한 침례교회

발레 연습장이 된 영국 브리스톨의 성 바울 성당

유럽의 개신교 출석 교인은 평균 3% 정도이고 복음주의자가 1%도 안 되는 나라가 22개국이나 된다. 프랑스의 개신교는 2% 정도이고 복음주의자는 0.6%에 불과하다. (「Newspower」, 2012.10.16.)

테마 선술집이 된 영국 에든버러의 루터회 교회

스케이트 보드장이 된 네덜란드 아덴의 성 요셉 성당

'군산 개벽문화 북콘서트'
3부 시청하기

군산 개벽콘서트 3부

제3부

인간개벽

세벌 개벽의 최종 결론

군산 오성산五聖山 정상에 바라본 금강
상제님과 태모님께서 천지공사를 보셨던 오성산 아래로 금강 하굿둑과 그 너머
에 금도수를 보신 장항과 서천이 보이고 왼쪽에는 멀리 군산항과 동백대교가 보
인다.

신도와 인간세계의 관계

다시 한 번 말하면, 우주의 역사는 이법과 신도가 하나가 되어서 전개됩니다. 우리가 살고 있는 이 우주의 현상계에서 벌어지는 역사적 사건과 헤아릴 수 없이 많은 사연은 단순한 것이 아닙니다. 그러기에 비단 한 사람의 삶과 죽음의 문제일라도 단순한 흑백논리가 아니라 왜 그런 삶을 살 수밖에 없었는지 더 깊은 눈으로 바라봐야 됩니다. 그래야만 진정한 용서의 도道가 이루어질 수 있는 것입니다.

우주의 실상을 보는 도통의 관건

상제님께서 말씀하시기를 "천지간에 가득 찬 것이 신神이니 풀잎 하나라도 신이 떠나면 마르고 흙 바른 벽이라도 신이 떠나면 무너지고, 손톱 밑에 가시 하나 드는 것도 신이 들어서 되느니라. 신이 없는 곳이 없고, 신이 하지 않는 일이 없느니라." 하시니라. (『도전』 4:62)

이신사理神事 법칙에서 근본이 되는 것은 우주의 자연 법칙인 이법입니다. 그리고 신도가 개입해야만 현실 세계, 우주의 현상 세계에서 별이 태어나고 생명이 태어나는 것과 같은 사건들이 연출되는 것입니다. 없는 곳이 없을 정도로 이 천지간에 가득 차 있는 신에 의해 우주의 모든 일이 벌어집니다. 심지어 손톱 밑에 가시가 박히는 것도, 벽이 무너지는 것도 모두 신의 작용입니다. 이것을 상제님께서는 '신이 들어야 된다'라고 말씀하셨습니다.

이런 신도神道 문제를 다룬 '블랙Black'이란 드라마가 있었습니다. 이 드라마에서 사신死神을 볼 수 있는 여자 주인공이 비행기를 탔는데 마침 천상에서 내려온 죽음의 신기神氣가 비행기에 탄 모든 사람에게 붙어 있는 것을 봅니다. 여주인공은 사람들을 살리려고 노력하다가 비행기에서 쫓겨나고, 결국 비행기가 폭발해서 여주인공만 죽음을 피하는 장면이 나옵니다.

이렇게 우리가 신도 세계를 직접 보거나 진정으로 체험할 때만 신도와 현실 세계가 어떤 관계로 맺어져서 지금의 이 세상이 존재하는지 제대로 알 수 있습니다. 상제님의 도법으로 보면 **신도와 인간 세계는 손의 앞과 뒤, 손바닥과 손등 같은 관계**입니다. 이 대우주는 우리 인간의 마음속에 있으면서 동시에 현실적으로 외부의 물리적인 공간에도 있습니다. 그런데 내면 세계와 물리적인 외부 세계는 일체입니다. 바로 이것이 진리의 묘미이자, 우리가 꼭 수행을 해야 하는 이유인 것입니다.

드라마 '블랙Black'
(2017년, OCN 방영)
언제나 선글래스를 쓰고 다니는 여자 주인공 강하람. 그녀가 궂은 날에도 선글라스를 벗지 않는 이유는 바로 죽음의 그림자를 보지 않기 위해서이다. 그녀는 죽음의 그림자를 보고 그 사람의 죽음을 예측할 수 있다. 어느 날 저승사자가 깃들어 있는 강력계 형사 한무강을 만나게 된다. 한무강은 저승사자의 본분에서 벗어나 죽음의 위기에 놓인 사람들을 구하고자 강하람과 함께 고군분투하는데…

드라마 블랙

드라마 보러가기

세운공사의 틀, 해원 도수와 오선위기 도수

상제님께서는 선천 상극의 인류 역사를 정리하면서 **여름철 말에서 가을로 넘어가는 과도기**로 '해원시대'를 설정하셨습니다. 그리고 상극 세상에서 쌓인 원통함을 끌러서 후천으로 넘어가기 위해 천상에 '우주를 통치하는 신명 조화정부'를 세우셨습니다. 천상조화정부에서 집행하는 일이 지금 지상의 인간 역사에 그대로 나타나고 있는 것입니다.

천상조화정부에서 세계 역사를 잡아 돌리는 큰 틀은 바로 오선위기五仙圍碁 도수로, **세계 역사의 질서는 오선위기 도수에 따라 크게 전환**하고 있습니다. 전라도 순창의 회문산回文山에

세계 역사질서의 대세
오선위기五仙圍碁

순창 회문산

오선위기라는 천지 대혈大穴이 있는데 상제님께서 그 기운을 발동시켜서, 천하대세를 오선위기 기령으로 잡아 돌리신 것입니다.

오선위기란 다섯 신선이 둘러 앉아 바둑을 둔다는 뜻으로, 상제님께서는 이중 두 신선은 바둑을 두고 두 신선은 각기 훈수하고 한 신선은 주인으로 설정해놓으셨습니다. 그리고 바둑의 승부를 겨루는 일을 고유의 풍속인 씨름에 비유해서 '애기판과 총각판이 지난 뒤에 상씨름으로 판을 막는다'고 하셨습니다. 그렇기 때문에 **오선위기 형국으로 세 번의 전쟁을 통해 선천 역사가 종결하는 것입니다.**

지구촌 세계 신질서의 큰 기틀을 짜심

상제님께서 말씀하시기를 "내가 이제 천지의 판을 짜러 회문산回文山에 들어가노라. 현하대세를 오선위기五仙圍碁의 기령氣靈으로 돌리나니 두 신선은 판을 대하고 두 신선은 각기 훈수하고 한 신선은 주인이라. 주인은 어느 편도 훈수할 수 없어 수수방관하고 다만 손님 대접만 맡았나니 연사年事에 큰 흠이 없어 손님 받는 예禮만 빠지지 아니하면 주인의 책임은 다한 것이니라.

바둑을 마치고 판이 헤치면 판과 바둑은 주인에게 돌아가리니 옛날 한 고조漢高祖는 마상馬上에서 득천하得天下하였으나 우리는 좌상坐上에서 득천하하리라." 하시니라. (『도전』 5:6)

상씨름으로 판을 마치리라

하루는 상제님께서 말씀하시기를 "현하대세가 씨름
판과 같으니 애기판과 총각판이 지난 뒤에 상씨름으로
판을 마치리라." 종이에 태극 형상의 선을 그리시며 "이
것이 삼팔선이니라." 하시니라.

또 말씀하시기를 "씨름판대는 조선의 삼팔선에 두고
세계 상씨름판을 붙이리라. 만국재판소를 조선에 두노
니 씨름판에 소가 나가면 판을 걷게 되리라. (『도전』 5:7)

상제님께서 세계를 통치하시는 전체 대세에서 조선은 바둑
판이고 조선의 백성은 바둑돌입니다. 오선위기와 씨름판 도수
로 흘러온 세계 역사를 살펴보면, 애기판은 제1차 세계 대전입
니다. 일본과 러시아가 바둑판의 주인인 조선에 와서 주인 행
세를 하며 일으킨 러일전쟁이 1차 세계대전의 발단이 됐습니
다. 그리고 러시아와 일본의 옆에서 훈수를 둔 두 신선은 프랑
스와 영국이었습니다. 그 다음 총각판 역시 조선의 땅에서 중
국과 일본이 일으킨 청일전쟁이 불똥이 되어 번진 제2차 세계
대전으로, 소련과 독일이 훈수를 두었습니다.

마지막으로 현재까지 진행 중인 상씨름은 한반도의 주인끼
리 남북으로 판을 나눠서 자유민주주의와 공산주의, 자본주의
와 사회주의의 이념 대결을 하고 있습니다. 상제님께서는 태극
형상의 선을 그리시면서 '이것이 삼팔선이다. 씨름판대는 조선
의 삼팔선에 두고 세계 상씨름판을 붙인다'라고 말씀하신 그
대로, 남북한은 지구촌에 남은 유일한 분단국가가 되었습니

애기판	파종도수	일러 전쟁 (1904~1905)
총각판	이종도수	중일 전쟁 (1937~1945)
상씨름	추수도수	남북 분단과 한국전쟁 (1945~)

(애기판: 제1차 세계대전 / 총각판: 제2차 세계대전 / 상씨름: 제3차 세계대전)

오선위기 도수로 삼변성도三變成道하는 상제님의 세계 정치

애기판	총각판	상씨름판
생生	장長	성成
제1차 세계대전	제2차 세계대전	후천개벽 상황
러(프)·일(영)전쟁 (1904~1905년)	중(소)·일(독)전쟁 (1937~1945년)	남(미,일)·북(중,러)전쟁 (1950년~)
국제연맹 창설(1920년)	국제연합 창설(1945년)	세계일가 통일 정권

다. 마지막 상씨름판에서 오선위기의 주인이 남북으로 갈라져서 지금의 6자회담이 열리게 된 것입니다. 그렇기 때문에 동북아시아의 역사 전쟁이 최종 마무리되는 남북 상씨름 전쟁은 오선위기의 구도로 보아야 합니다. 지금의 세계 질서를 단편적으로 봐서는 절대로 지구촌의 전체 대세를 알 수가 없습니다.

지금 남북의 주인끼리 두는 마지막 상씨름으로 선천 상극의 천지 대세를 끝막고 바로 이어서 개벽으로 들어가게 됩니다. 그러나 현실적으로 전쟁을 원하는 사람은 없습니다. 남한도 전쟁이 일어나길 원하지 않고 북한도 먹을 것도 없을 정도로 경제가 파탄이 났는데 진정으로 전쟁을 원하지는 않을 것입니다. 그러나 체제를 지키고자 하는 불가항력적인 이유로 생긴 북한의 핵문제는 인류의 평화를 지키는 중심 주제가 되었습니

점점 심화되는 미중 경제전쟁

남북 분단으로 인해 6자회담으로 변한 오선위기

다. 그리고 현재 오선위기 도수의 바둑을 두고 있는 미국과 일본, 중국과 러시아의 4대 강국 중 미국과 중국의 본격적인 경제전쟁이 시작되었습니다.

인류 역사상 원한의 뿌리가 되는 요임금의 아들 단주

오선위기 도수를 제대로 보기위해서 우리가 더 알아야 할 것은 **인류 역사상 원한의 뿌리가 되는 요堯임금의 아들 단주丹朱**입니다. 제가 예전에 단주가 묻힌 무덤에 가보니 아주 조그마한 움막도 안 되는 정도였습니다. 그곳에는 어떤 무당 할머니가 살고 계셨는데 마치 거지의 집과 같았습니다.

이렇게 인류 원한사의 첫 장을 연 단주가 왜곡되고 잊히게 된 이유는 무엇일까요? 그것은 한 뿌리에서 시작된 배달 동이東夷와 중국 한족의 화이華夷가 갈라지게 되는 정점에 4,300년 전 단주의 원한 사건이 자리 잡고 있기 때문입니다. 요, 순임금과 단주의 왜곡된 역사로 말미암아 동방 9천 년 역사의 종통과 도통사의 연원인 환국·배달과 단군조선이 지워지게 되었고, 이후 뿌리를 잃어버린 채 선천 상극의 여름철 시간대를 지나며 지금의 동북아 역사전쟁의 절정에 이르게 된 것입니다.

단군왕검의 재위 시절에 단주는 동서방을 통합하여 대동세계大同世界*를 이루려는 원대한 포부를 지니고 있었습니다. 그러나 서방족 중심으로 천하를 지배하려던 아버지 요堯임금은 단주

사람이 천지만물과 하나가 된다는 뜻으로, 유가에서 추구하는 이상세계이다.
(공자왈孔子曰 … 대도지행야大道之行也 천하위공天下爲公 선현여능選賢與能 강신수목講信修睦 … 시위대동是謂大同. 공자가 이르기를 … 큰 도가 행하여지고 천하가 공평무사하다. 어질고 유능한 자가 기량을 보일 수 있으며 … 이러한 세상을 일러 대동이라 한다. 『예기禮記』「예운편禮運篇」)

중국 허난성河南省 푸양시濮阳市에 있는 단주의 묘

단주 묘 내부

를 불초하다고 생각했습니다. 결국 무력으로 형을 쫓아내고 왕위에 오른 요는 자신도 마찬가지로 무력에 의해 왕위를 순舜에게 승계하게 되었습니다. 그리고 왕위에 오른 순임금은 요와 단주를 만나지 못하게 하여 천륜을 끊어버렸습니다.

그리하여 단주는 대동세계를 이루려던 꿈이 좌절되고 불초하다는 누명까지 썼습니다. 천륜마저 끊긴 채 바둑을 두다 죽은 단주의 원한은 인류 역사의 모든 원한의 머리와 고*가 됩니다. 단주의 사건은 개인의 원한을 넘어 크게는 인류 9천 년 원한의 역사에서 중심핵이 되는 일이기 때문입니다. 특히 **단주에 얽힌 역사왜곡은 무엇보다도 창세역사와 동이문화에서 홍익인간이라는 광명의 역사관을 무너뜨린 대사건**입니다. 그래서 상제님께서는 인류 역사의 물줄기를 돌려놓은 단주의 원한을 풀어주는 것을, 역사의 불의를 바로잡고 인류를 구원하는 출발점으로 말씀하신 것입니다.

옷고름이나 노끈 따위의 매듭이 풀리지 않도록 한 가닥을 고리처럼 맨 것.

인류의 원한의 뿌리, 요임금의 아들 단주

이제 원한의 역사의 뿌리인 당요唐堯의 아들 단주丹朱가 품은 깊은 원寃을 끄르면 그로부터 수천 년 동안 쌓여 내려온 모든 원한의 마디와 고가 풀릴지라.

대저 당요가 그 아들 단주를 불초不肖하다 하여 천하를 맡기지 않고 그의 두 딸과 천하를 순舜에게 전하여 주니 단주의 깊은 원을 그 누가 만분의 하나라도 풀어 주리오. 마침내 순이 창오蒼梧에서 죽고 두 왕비는 소상강瀟湘江에 빠져 죽었느니라.

그러므로 단주 해원을 첫머리로 하여 천지대세를 해원의 노정으로 나아가게 하노라. (『도전』 2:24)

만고원신 해원 공사

상제님께서 이어 말씀하시기를 "요순시대에 단주가 세상을 다스렸다면 시골 구석구석까지 바른 다스림과 교화가 두루 미치고 요복要服과 황복荒服의 구별이 없고 오랑캐의 이름도 없어지며, 만리가 지척같이 되어 천하가 한집안이 되었을 것이니 요와 순의 도는 오히려 좁은 것이니라.

단주가 뜻을 이루지 못하고 깊은 한을 품어 순이 창오에서 죽고 두 왕비가 소상강에 빠져 죽는 참상이 일어났나니 이로부터 천하의 크고 작은 모든 원한이 쌓여서 마침내 큰 화를 빚어내어 세상을 진멸할 지경에 이르렀느니라.

그러므로 먼저 단주의 깊은 원한을 풀어 주어야 그 뒤로 쌓여 내려온 만고의 원한이 다 매듭 풀리듯 하느니라.

이제 단주를 자미원紫微垣에 위位케 하여 다가오는 선경세계에서 세운世運을 통할統轄하게 하느니라." 하시니라. (『도전』 4:31)

상제님께서는 단주를 해원시키시기 위해 단주로 하여금 천상의 자미원에서 세계 정치를 관장하게 하셨습니다. 따라서 **단**

주 해원 도수는 세계 정치와 분단된 남북 통일문제의 궁극의 근원입니다. 그런데 배달국과 단군조선의 역사가 파괴되고 부정돼서 단주의 원한에 대해 제대로 인식하기가 어렵습니다. 그것은 우리 스스로 잃어버린 창세 역사와 문화, 옛 영혼을 되찾는 그날, 비로소 원한의 연원이 얼마나 뿌리 깊었는지 알 수 있

자미원紫微垣

자미원은 천상에 계신 상제님께서 계신 곳이다. 자미원을 중심으로 상제님께서 정사를 보시는 조정朝廷이 있는데 그 곳이 바로 문무백관이 머무르는 태미원太微垣이다. 그리고 천상의 백성들이 거주하는 천시원天市垣이 있다. 별자리로는 북두칠성을 중심으로 하여 작은곰자리, 용자리를 포함해 170개의 별로 이루어져 있다. 상제님께서는 자미원 중에서도 북두칠성에 계시는데, 북두칠성은 탐랑, 거문, 녹존, 문곡, 염정, 무곡, 파군 일곱 별과 숨어 있는 고상옥황, 자미제군으로 구성되어 북두구진이라고도 불린다. 이 중 고상옥황이 상제님의 별이고, 자미제군에서 단주가 오선위기도수를 관장하고 있다.

천상열차분야지도天象列次分野之圖

을 것입니다. 그렇기 때문에 남북통일은 정치 권력자들의 생각대로 되는 것이 절대로 아닙니다. 남북통일은 역사를 복원하고 선천 상극 세상을 마무리 짓는 대과업인 것입니다.

마지막 상씨름, 한국전쟁의 의미

19세기 후반에서 20세기 초엽 당시, 세계는 아프리카는 물론이고 동양과 태평양의 작은 섬까지 제국주의 국가의 먹잇감이 되었습니다. 상제님께서는 동서양의 싸움을 붙여 기울어진 판을 바로잡으시는데, 워낙 힘의 차이가 크므로 결국은 병病으로써 동서양의 균형이 바로 잡히도록 도수를 짜놓으셨습니다. 그리고 이러한 대의大義 그대로 20세기부터 지금까지 100여 년 역사가 흘러온 것입니다.

병란兵亂과 병란病亂이 함께 온다

동서양 싸움을 붙여 기울어진 판을 바로잡으려 하였으나 워낙 짝이 틀려 겨루기 어려우므로 병病으로써 판을 고르게 되느니라. (『도전』 7:34)

치우천황 | 김산호 화백 作
치우천황은 서방 한족에게 동방의 신교와 천자문화를 전해 준 대제왕이자 병법의 태조로, 우리 영토를 가장 넓게 개척한 배달의 14세 자오지慈烏支 환웅이다. 치우천황은 동방 최초의 국제전쟁인 탁록대전에서 10여 년간 73회의 공방전 끝에 모반을 꾀한 황제 헌원을 사로잡아 신하로 삼았다. 이후 군신軍神의 시조가 되어 한민족은 물론 중국에서도 숭배와 추앙의 대상이 되었다.

태평성대로 왜곡된 요순시대 역사의 진실

요순시대는 중국 춘추시대 이래 성군이 다스린 태평성대라 칭송받고 있지만, 사실 그것은 진실이 아니다. 오히려 인류 역사의 맥이 헝클어지게 된 큰 비극이 일어난 시대였다.

현재 전하는 역사는 제곡고신帝嚳高辛의 넷째 아들 요堯임금이 형인 선왕 지摯가 부덕하여 선양을 받았다고 한다. 그러나 상제님께서 바로잡아 주신 역사의 진실은 형을 무력으로 몰아내고 왕권을 찬탈한 것이다. 그리고 그 과정에서 요임금은 자신의 등극을 반대한 많은 사람을 무참히 죽여 천하를 피로 물들였다.

요임금은 자신의 뿌리이자 본조本朝를 배척했던 고조 헌원軒轅의 통치 이념을 계승해서 서방 화이세력을 중심으로 천하를 지배하려 하였다. 결국 그는 본조인 단군조선에서 이탈하여 끊임없이 이웃나라와 영토 분쟁을 일으켰고 재위 말년에 큰 홍수가 일어나 나라가 혼란에 빠지게 되었다.

이에 단군왕검은 동방 동이족과 인연이 있는 우순虞舜에게 요

요임금

순임금

아황과 여영

의 땅을 나누어 다스리게 하였다. 결국 군대를 이끌고 온 순에게 요는 왕위를 넘겨주고 목숨을 보전하였다. 그런데 이후 동이의 역사를 의도적으로 왜곡한 중국 화하족은 요와 순의 이야기에서 본조인 단군조선의 이야기를 삭제하고 요순선양설堯舜禪讓說로 왜곡하였다.

순임금의 역사 역시 왜곡이 되었는데, 순의 부친인 고수高叟는 단군조선에서 농사를 주관하는 직책을 맡은 고시高矢의 친형으로 순임금 역시 동이의 혈통이었다. 그런데 순은 왕위에 오르자 태도를 돌변해 요와 단주를 만나지 못하게 하여 천륜을 끊고, 요와 마찬가지로 본조인 단군조선에 맞서기 시작했다. 그리고 무서운 형벌제도를 만들어 단군조선과 단주를 옹호하는 족속을 모두 내쫓거나 박해하였다.

재위 50년 되던 해에 순임금은 협화만방協和萬邦을 주장하던 단주를 후원한 삼묘족을 토벌하고 창오의 들녘(광서성)에 이르러 갑자기 죽었다. (일설에는 삼묘족과 전쟁 중 전사하였다도 한다.) 그러자 단주와 남매지간으로 단주의 저주와 한을 알고도 어쩔 수 없이 순의 왕비가 되었던 아황과 여영은 소상강에 투신하여 한 많은 생을 마감하였다.

이렇게 요순시대의 실상을 살펴보면 동이의 혈통이었으나 제 뿌리를 부정한 요순을 성인군자로 미화하고 왜곡한 것을 알 수 있다. 이것은 단순한 문제가 아니다. 그것은 그들의 종통이 되는 동방의 배달과 단군조선의 역사를 파괴, 왜곡하여 오늘날 동북아의 역사전쟁으로 심화, 확대된 단초가 되었다.

서양 제국주의가 전 세계를 침략하던 19세기 말, 일본은 동양의 유일한 제국주의 국가였습니다. 일본이 조선과 중국을 침략하려 하자 상제님께서는 오히려 일본에게 천하 통일의 기운을 붙여서 동양에서 서양 제국주의를 몰아내는 머슴의 역할을 맡기셨습니다. 그러나 머슴이 주인인 조선의 집까지 뺏으려 하기 때문에 결국은 패망당한다고 말씀하셨습니다.

상제님께서는 일본을 깔담살이* 즉 작은 머슴으로, 일본 다음으로 조선에 들어오는 미국을 중머슴으로 중국을 상머슴으로 쓴다고 말씀하시며 근현대사가 흘러온 천지대세를 직접 짜 놓으셨습니다.

깔담살이는 꼴머슴의 전남지역 방언으로, 땔나무나 꼴을 베는 일을 하는 어린 머슴을 말한다.

1898년 1월 16일 발행된 프랑스 신문「Le Petit Journal」374호에 실린 삽화로, 19세기 말 열강이 무력으로 세계를 정복하는 서세동점西勢東漸의 상황을 잘 보여주고 있다. 삽화를 보면 프랑스어로 Chine(중국)이라 새겨진 파이 조각을 영국, 독일, 러시아, 프랑스, 일본이 칼로 나누며 신경전을 벌이고, 중국의 이홍장李鴻章은 뒤에서 손톱을 세우고 있다.

조선을 잠시 일본에 넘겨주어야

상제님께서 말씀하시기를 "조선을 잠시 다른 나라에 넘겨주고 천운天運을 기다리게 할 것이니라." 하시고 "조선을 서양으로 넘기면 인종이 다르므로 차별과 학대가 심하여 살아날 수 없을 것이요 청국으로 넘기면 그 민중이 우둔하여 뒷감당을 못할 것이요 일본은 임진란 후로 도술신명道術神明들 사이에 척이 맺혀 있으니 그들에게 넘겨주어야 척이 풀릴지라.

그러므로 내가 이제 일본을 도와 잠시 천하통일天下統一의 기운과 일월대명日月大明의 기운을 붙여 주어 천하에 역사를 하게 하리라. (『도전』 5:177)

제국주의 일본의 역할

일 보는 사람이니 왜놈이라 부르지 말고 '일본 사람'이라 부르라. 일인日人은 일꾼이라. 나의 일을 하나니 큰 머슴이 될 것이니라.

그러나 일꾼이 주인의 집을 빼앗으려 하므로 마침내는 크게 패망할 것이니 일본 사람은 나한테 품삯도 못 받는 일꾼이니라." 하시니라.

하루는 상제님께서 말씀하시기를 "일본은 깔담살이 머슴이요, 미국은 중머슴이요, 중국은 상머슴이니라.

깔담살이가 들어가면 중머슴이 나와서 일하고, 중머슴이 들어가면 상머슴이 나오리라." 하시니라.

(『도전』 5:22)

상제님께서 보신 천지공사 그대로 2차 세계대전에서 일본이 패망한 후 우리나라의 남쪽에는 미국이 들어오고 북쪽에는 소련이 들어왔습니다. 그리고 우리는 미국과 소련이 그어놓은 38선을 중심으로, 타의에 의해 분단되어 비극적인 운명의 대결을 하고 있습니다. 그러나 어느덧 거의 70여 년이 다 된 이 분단의 역사도 이제 마무리 될 때가 되었습니다.

상제님께서는 이 남북전쟁에 대해 **"앞으로 세계전쟁이 일어난다."**(도전 2:139)라고 하셨습니다. 우리가 아는 세계전쟁은 지금까지 두 번 있었지만 요즘은 한국전쟁을 제3차 세계대전이

고향에 신년인사를 보내는 미19보병연대 병사들

부산 남구 대연동의 유엔기념공원

2차 세계대전 이후에 일어난 세계의 10대 전쟁

(출처: 그랑프리 영상)

1	테러리즘전쟁	2001년~ (서방↔중동)
2	아프가니스탄전쟁	2001~2014년 (미국↔아프가니스탄)
3	포클랜드전쟁	1982년 (영국↔아르헨티나)
4	이란-이라크전쟁	1980~1988년 (이란↔이라크)
5	스페셜포스전쟁	1979~1989년 (소련↔아프가니스탄 반군, 미국 CIA)
6	레바논전쟁	1978년 (이스라엘↔레바논)
7	욤키프러전쟁	1973년 (이스라엘↔아랍연합국)
8	6일전쟁	1967년 (이스라엘↔아랍연합국)
9	베트남전쟁	1960~1975년 (미국↔베트남)
10	한국전쟁	1950년~ (남한↔북한)

6 25전쟁 당시 참전국 및 인명피해 규모

총 지원국과 동원병력	1. 유엔 16개국 (비공식 2개국) 2. 유엔 의료지원국 5개국 3. 유엔 물자지원국 36개국 4. 공산군 참전국 1개국 (비공식 소련) 5. 공산군 의료지원 1개국		60개국 310만 명
총 사망자	연합군 측 64만 (민간 37만 포함)	공산군 측 88만 (민간 40만 포함)	152만 명
부상·실종자	연합군 측 151만	공산군 측 332만	483만 명

라 합니다. 당시 전 세계 60개국이 전쟁에 참여하거나 원조한 한국전쟁은 2차 세계대전 이후 최대 규모의 전쟁이기 때문입니다. 부산의 유엔기념공원에는 한국전쟁에 참전한 젊은 미군 병사들이 5천 명 이상 묻혀 있습니다. 이렇게 한국전쟁은 이 땅에서 일어난 대전쟁입니다.

천지의 화액, 불기운을 묻는 화둔 도수

그러면 이 전쟁 역사는 앞으로 어떻게 마무리 될까요? 사실 누구도 이 땅에서 다시 전쟁이 나는 것을 원하지는 않을 것입니다. 그렇기 때문에 세계평화와 남북통일의 근본이 되는 대전제는 북한의 핵을 없애는 비핵화 문제입니다. 전前 미국 국방장관 로버트 갈루치Robert L. Gallucci(1930~2018)는 '북한 비핵화의 로드맵 일정은 너무도 험난하고 멀다'고 했습니다. 북핵을 해체하고 제거하는 절차에서 그것을 직접 보고 검증하는데 상당히 오랜 시간이 걸릴 정도로 까다롭다는 것입니다. 그렇다면 비핵화는 과연 어떻게 이루어질 수 있을까요?

이 문제에 대한 희망의 소식이 있습니다. 그것은 바로 "나는 이제 72둔遁을 다 써서 화둔火遁을 트리라. 나는 곧 남방南方 삼리화三離火로다."(도전 4:146)라고 하신 상제님의 말씀입니다. 상제님께서 화둔을 튼다고 하셨는데, 과연 '화둔 공사'는 무엇일까요? 상제님께서는 "천지에 변산처럼 커다란 불덩이가 있으니 그 불덩이가 나타나 구르면 너희들이 어떻게 살겠느냐."(도전 5:227) 하시고 "만일 변산 같은 불덩이를 그냥 두면 전 세계가 재가 될 것이니라. 그러므로 내가 이제 그 불을 묻었노라."

(도전 5:229)라고 말씀하셨습니다.

이 말씀처럼 화둔이란 '불 화火' 자에 '묻을 둔遁' 자입니다. **화둔공사는 하나님의 조화권으로 여름철 상극 질서에서 비롯된 모든 고통의 불덩어리를 묻는 것입니다.** 선천의 상극 질서로 말미암아 인류가 만든 전쟁 도구를 포함해서 원한의 역사 속에서 생긴 마음과 영혼의 불덩어리까지, 이 모든 불덩어리를 묻어야만 우리는 가을 우주와 함께 새로 탄생할 수 있습니다. 진정으로 우리 한 사람, 한 사람의 자아가 완전한 죽음을 통과해야 상생의 가을철로 갈 수 있습니다.

가을개벽기 화둔 공사의 이치는 「천부경天符經」에 근원을 두고 있습니다. 오행으로 여름은 화火이고 가을은 금金이기 때문에 여름에서 가을로 바뀔 때는 화극금火克金을 합니다. 여름의 불기운이 가을철의 금기운을 녹이고 해체시키기 때문에 여름에서 가을로 바로 넘어갈 수 없는 것입니다. 그런데 5,500년 전에 팔괘를 그린 복희씨가 「천부경」에 도통한 후 천상으로부터 내려 받은 「용마하도龍馬河圖」를 보면 남방 화에서 중앙 10토를 거쳐서 서방 금으로 넘어갑니다. 그래서 **여름철에서 가을로 가려면 반드시 중앙 10토를 거쳐서 화생토火生土, 토생금土生金을 해야 합니다.**

유가의 모든 경전의 핵심을 정리한 『성리대전性理大全』 80권 중 제1권이 주렴계周濂溪(1017~1073)의 「태극도

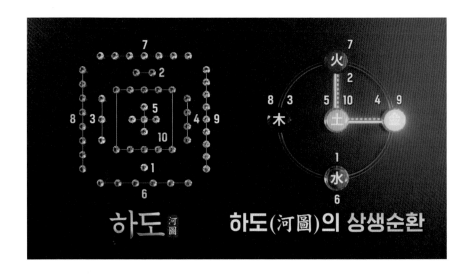

하도河圖

하도(河圖)의 상생순환

설太極圖說」입니다. 이 「태극도」를 보면 우주의 봄철인 목木에서 화火의 여름을 거친 후 바로 아래에 있는 하얀 동그라미로 가고 있습니다. 바로 이곳이 성부聖父이신 천주 하나님의 영원하고 무궁한 생명의 조화자리인 10토土입니다. 이렇게 「용마하도」나 「태극도」에서 보여주듯이 반드시 10토를 거쳐서 가을 금기운으로 들어갑니다. 이것은 우주의 도통을 계승하는 진정한 진리이자 구원의 한 소식인 것입니다.

그런데 '나는 남방 삼리화'라는 상제님의 말씀은 하나님이 우주의 가을철이 아니라 여름철에 인간으로 오신다는 뜻입니다. 하나님 자리인 10토가 현상 세계에 나타날 때는 화火로 나타나기 때문에 상제님이 불의 계절인 여름에 오시는 것입니다. 그래서 상제님은 화생토, 토생금의 이치로 상극의 궁극이자 분열의 극점인 여름철 말에 인간으로 오셔서 천지 불기운을 다스려 가을철 상생의 세상으로 넘어갈 수 있게 다리를 놓아 주셨습니다. 그렇기 때문에 남방 삼리화인 미륵불의 수인手印은

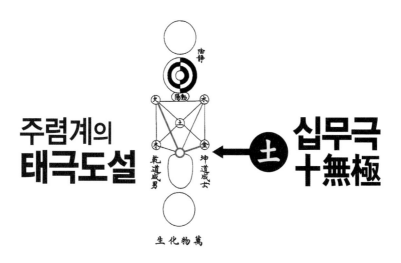

주렴계의 **태극도설**

← 土 **십무극 十無極**

과거불처럼 감중련坎中連이 아니라 리허중離虛中*을 상징하고 있는 것입니다.

그러면 천주님께서 화둔 공사로 천지의 불을 묻으셨으니 핵 문제가 쉽게 사라질까요? 천지공사가 역사에 현실화되는 것은 그렇게 단순하지만은 않습니다. 상제님이 말씀하신 화둔 공사는 지구촌 강대국들이 가지고 있는 핵무기를 포함해 중성자탄과 같은 신식 무기까지 모두 없애는 것이기 때문입니다. 북한에서 무서워하는 무기 중 하나가 막대기 모양처럼 생긴 키네틱kinetic 탄두인데, 이 탄두는 대기권 바깥까지 올라갔다가 마하 7~8의 엄청난 속도로 표적을 향해 내려가서 흔적도 없이 파괴할 수 있습니다. 이런 신식 무기가 지금도 계속 개발되고 있습니다.

과거불

육감수

감중련坎中連

미래불

삼리화

리허중離虛中

리허중은 '리괘離卦(☲)는 가운데가 비어 있다'는 뜻이다. 즉 리허중은 삼리화三離火이다.

그러나 상제님의 도법에 의해 앞으로 올 선천의 마지막 대전쟁은 이상하게 끝나게 됩니다. 이런 신식무기나 핵 같은 화력으로 이기고 지는 전쟁이 아닙니다. 지금 전 세계에서는 한반도 전쟁을 얘기하고 있지만 상제님의 가을 개벽공사의 천지 비밀은 『도전』을 보면 알 수 있듯이, 개벽은 자연개벽과 문명개벽, 인간개벽이란 세벌 개벽으로 오는 것입니다. 그리고 이 중에서 가장 먼저 오는 문명개벽 즉 전쟁은 미국과 중국의 두 강대국 사이의 변수에 따라 일어나게 됩니다. 과연 그 변수는 무엇인지, 상제님의 천지공사 상씨름은 어떻게 넘어가는 것인지 알기 위해 『도전』을 깊이 독파해 보시기 바랍니다.

급변하는 변화에서 살아남으려면

앞으로 세벌 개벽으로 닥쳐올 개벽 실제상황 이전에 우리는 먼저 일상생활에서 자연 재난을 비롯한 일체의 사고를 조심해야 됩니다. 갑작스런 교통사고나 화재 등 여러 가지의 사고와 재난 그리고 전쟁을 당하지 않는 것이야말로 밝은 마음으로 살 수 있는 행복한 삶이기 때문입니다. 상제님께서는 "운수는 좋건마는 목 넘기기가 어려우리라."(도전 4:32)라고 하셨는데, 이 말씀은 앞으로 닥칠 후천개벽의 목을 잘 넘기면 말할 수 없이 좋은 세상이 온다는 뜻입니다.

최근 '온리 더 브레이브Only the Brave'라는 영화를 봤는데, 수백 명의 소방대원이 죽은 9.11 테러 이후, 소방관들이 희생된 최악의 사건을 바탕으로 만든 영화입니다. 이 영화의 결말을 보면 대부분 20대인 소방관들이 화재로 인해서 몸이 다 익은

채 한 사람도 생존하지 못합니다. 그렇게 안타깝게 순직한 소방관들의 가족들이 펄펄 뛰며 울부짖는 모습을 보면 누구도 눈물을 흘리게 됩니다.

이렇게 일상 속에서도 언제 닥칠지 모를 재난들이 많습니다. 그런데 앞으로 닥칠, 누구도 피할 수 없는 가을개벽의 천하대세는 어떠할까요? 천지가 여름철에서 가을철 새 우주로, 대 희망의 역사로 들어서는 전환기에 살고 있는 오늘날 인류에게는 마지막 시련이 기다리고 있습니다.

상제님께서 '일본은 화판火判이요, 미국과 서양은 수판水判이요, 중국은 난판亂判이요, 조선은 병판病判'이라 하시고, 또 '큰 전쟁은 중국에서 일어나리니 중국은 세계의 오고 가는 발길에

영화 '온리 더 브레이브Only the Brave'
(2017년, 조셉 코신스키 감독)
2013년 6월, 미국 애리조나 주에서 발생한 산불에 맞서 싸운 프레스콧 소방서 소속의 그래닛 마운틴 핫샷 대원들의 실화를 다룬 영화이다. 8.1 평방 킬로미터, 축구장 일천백여 개 크기가 넘는 지역을 불태우며 빠른 속도로 마을로 돌진하는 화마火魔! 이 현장에 최정예 엘리트 소방관으로 구성된 핫샷 팀이 출동한다. 이들은 소중한 사람들을 지키려 거대한 자연재난 앞에 나서 최선을 다하지만 결국 방어선이 뚫리고, 최전선에서 싸우던 19명 모두 순직하고 만다.

 공식 예고편 보기

채여 녹는다'라고 하셨습니다. '동서양의 발길에 채여서 녹는다'는 상제님의 엄중한 이 말씀은 중국이 해체된다는 뜻입니다. 그리고 '앞으로 천지전쟁이 있다'고 하시며 전 지구 차원에서 모든 크고 작은 전쟁을 완전히 종식시키는 사건이 있을 것을 말씀하셨는데 그것은 바로 이신사理神事의 우주 법도로 오는 병란病亂입니다.

다가오는 가을 대개벽의 총체적 상황

장차 서양은 큰 방죽이 되리라.

일본은 불로 치고 서양은 물로 치리라. (『도전』 2:139)

세계전쟁이 붙으리라

상제님께서 말씀하시기를 "때가 되면 세계전쟁이 붙으리라. 전쟁은 내가 일으키고 내가 말리느니라.

난의 시작은 삼팔선에 있으나 큰 전쟁은 중국에서 일어나리니 중국은 세계의 오고가는 발길에 채여 녹으리라." 하시고 "병이 돌면 미국은 불벌자퇴不伐自退하리라." 하시니라.

이에 성도들이 "전쟁은 어떻게 말리려 하십니까?" 하고 여쭈거늘 말씀하시기를 "병으로써 말리느니라. 장차 전쟁은 병으로써 판을 막으리라.

앞으로 싸움 날 만하면 병란이 날 것이니 병란兵亂이 곧 병란病亂이니라." 하시니라. (『도전』 7:35)

중국에 시장경제를 도입한 덩샤오핑(鄧小平, 1904~1997)이 귀양생활을 할 때 마오쩌둥(毛澤東, 1893~1976)의 1인 독재 체제의 폐단을 너무도 사무치게 느꼈기 때문에 팔로八老체제를 만들었습니다. 그런데 지금 시진핑(習近平, 1953~)은 다시 1인 독재체제로 돌아서버렸습니다. 이것은 앞으로 중국과 미국의 마지막

덩샤오핑과 팔로치국八老治國

중국 공산주의 혁명의 지도자이자 건국의 아버지인 마오쩌둥은 모든 권력을 독점적으로 보유하고 행사한 일인 지배 정치를 폈다. 그러나 마오쩌둥 사후 권력을 잡은 덩샤오핑은 "흑묘백묘黑猫白猫 조노서抓老鼠 취시호묘就是好猫"(검은 고양이든 흰 고양이든 쥐만 잘 잡으면 된다)라는 '흑묘백묘론'으로 실용주의를 추구하며 사회주의 국가인 중국에 자본주의식 시장경제를 도입하고, 오늘날 중국이 경제 강국이 되는 디딤돌을 만들었다. 또 홍콩의 반환문제로 영국과 협상할 때 홍콩의 자본주의 체제 유지를 인정하는 일국양제一國兩制를 제안함으로써 홍콩 반환을 성공적으로 이뤄냈다.

덩샤오핑은 혁명세대의 원로인 천원(陳雲), 양상쿤(楊尙昆), 보이보(薄一波), 펑전(彭眞), 리셴녠(李先念), 왕전(王震), 덩잉차오(鄧穎超)와 함께 최고 권력기관인 정치국 상무위원회에서 물러나 8명이 함께 중국 정부의 고문으로 활약하며 국가의 중요 결정에 영향을 미쳤다. 1인 장기 독재를 막기 위해 정치 개혁을 시도한 이 시기를 팔로치국 시대라고도 한다.

역사주권전쟁을 위해 필요하기 때문에 생긴 변화일 것입니다.

그래서 인류에게 임박한 전쟁은 미중 세계 전쟁입니다. 미중 전쟁에 대한 내용을 담은 『예정된 전쟁』에서는 과거 패권세력과 신흥세력 간의 16번의 충돌 을 다루었는데 그중 12번은 전쟁으로 번진 역사를 이야기합니다. 그리고 현재 미국과 중국 간에 일어나는 힘의 충돌이 '앞으로 미중전쟁이 될 수 있다'고 경고하고 있습니다.

마찬가지로 이런 내용들을 근거로 해서 나온 책 중 소설가 김진명이 쓴 『미중전쟁』도 있습니다. 이 책의 내용을 보면 미국을 뒤에서 움직이는 기사단이 미국과 중국의 무역마찰, 무역적자 등을 고려해 '미국이 중국과 전쟁을 하는 것이 유익하냐, 하지 않는 것이 유익하냐'를 놓고 회의를 합니다. 그리고 중국이 가지고 있는 미국 채권과 달러 보유 상황 등으로 손익 계산을 해 본 결과, 앞으로 5년 후에는 미국이 전쟁을 하고 싶어도 중국이 첨단무기를 개발하면 전쟁을 할 수 없다는 결론이 나옵니다. 그리고 만약 5년이 지나기 전에 전쟁을 한다면 미국은 30조 달러 이상의 이득을 얻고 역사의 종주권을 계속 잡을 수 있다고 합니다.

이렇게 두 강대국 간의 전쟁은 인사적으로는 자본주의 경제 논리로 일어나게 됩니다.

자연개벽, 윤도수와 정역

선천은 지구의 중심축이 기울어져서 윤역閏曆을 사용하고 있습니다. 우주의 봄철에는 지구 1년이 366일이었는데 여름철인 지금은 365와 ¼일입니다. 바로 이렇게 360이란 정역 도수에 붙어 있는 꼬리를 윤도수라 합니다. 이 윤도수 때문에 인간의 영혼 속에는 기쁨과 동시에 슬픔과 허무한 고독감, 그리고 반면에 희망을 향한 열정이 끊임없이 고동치는 것입니다.

그런데 이제 원형 시간대가 나옵니다. **우주 진리의 원형인 원십자, 우주의 정 동서남북 사정방의 강한 진리 의지가 모든 인간의 마음속에서 솟구치게 되는 1년 360일의 시대가 되는** 것입니다. 그때는 음력과 양력이 같아져서 날씨는 사시장춘四時長春으로 늘 온화하고 사람들이 성낼 일이 별로 없어집니다. 이렇게 천지의 생존환경 자체가 바뀌게 됩니다.

상제님께서 음력 2월 초하룻날에 떡국 공사를 보시면서 "내 세상에는 묘월卯月로 세수歲首를 삼으리라."(도전 5:21)라고 말씀하셨는데, 이 뜻은 후천에는 음력 2월(묘월)이 음력 1월이 된다는 것입니다. 선천에서 후천으로 넘어가는 3년의 교차기 동안 세벌 개벽의 실제상황이 일어나지만 자연개벽의 결정적인 사건은 기둥 하나를 끌어안고 도는 눈 깜짝할 사이에 벌어집니다. 이때 지진이나 화산폭발과 쓰나미 같은 재난이 아주 강력하게 한꺼번에 일어나게 됩니다. 그래서 미국의 스칼리온Scallion과 여러 사람이 앞으로 미국이 동서로 갈라진다는 예언도 했습니다. 그 외 많은 영능력자가 샌프란시스코와 엘에이, 뉴욕, 하와이가 한 순간에 바다 속으로 들어가고, 워싱턴 D.C.도 많은 부분이 파괴된다고 합니다. 이런 내용을 소재로 한 영화 '10.5 아포칼립스Apocalypse'는 미국의 과학 전문가들의 견해를 바탕으로 하여 만들었다고 합니다.

전문가들은 전 지구촌에 대지진에서 안전한 도시는 없다고
합니다. 20세기 최대의 대지진은 단 23초 만에 24만여 명의 목

고든 마이클 스칼리온Gordon Michael Scallion이 그린
미국의 미래 지도

본래 전자 과학을 전공한 고든 마이클 스
칼리온은 1979년 갑자기 환몽 상태를 경험
한 후 영능력을 갖게 되었다. 그는 일본의 고
베 대지진과 2004년 동남아시아 쓰나미 등
을 정확하게 예언하기도 하였고 특히 그는
인류가 맞을 가장 큰 변국으로 지구의 극이동을 이야기하였다.
스칼리온은 앞으로 일어날 미국의 지형 변화를 지도로 그렸는데
지도의 진한 부분은 세계적인 지각 변동 이후 바다 밑으로 사라
진다고 예언했다. 미국 지질조사국(USGS)은 30년 안에 샌 안드
레아스 단층대에서 규모 7.5 이상의 초대형 지진이 일어날 확률
이 99.7%라고 경고했다.

숨이 한순간에 사라진 당산唐山 대지진인데 비공식적으로는 60만~80만 명 이상 사망했다고도 합니다. 이 영화에서 무너진 건물더미에 갇힌 쌍둥이 아이를 살려달라고 절규하는 한 어머니의 모습을 보면 정말 산지옥이 따로 없다는 느낌이 듭니다.

특히 대지진은 쓰나미를 동반할 수 있습니다. 그런데 통계에 의하면 전 세계의 약 78억 인구 중에서 4분의 1이 넘는 20억 이상이 해변 가까이 살고, 해안에서 5백 킬로미터 거리 내에 지구촌 인구의 65%가 살고 있다고 합니다. 많은 사람들이 쓰나미의 위험 지대에 살고 있는 것입니다.

또 화산폭발 역시 자연개벽 현상에서 크게 우려되는 문제입니다. 우리나라는 비교적 화산에 대해서는 안전하다고 생각하고 있지만 화산 전문가들은 결코 우리나라도 화산 안전지대가 아니라고 합니다. 우리나라의 경우 백두산 폭발문제가 있는데, 백두산은 일본의 후지산과 거의 동시에 폭발할 수 있다고 합니다. 어느 산이 먼저 폭발할지는 몰라도 앞으로 대폭발

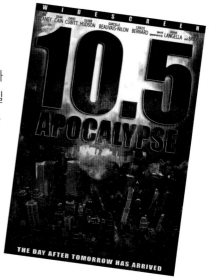

영화 '10.5 아포칼립Apokalypse'
(2006년, 존 라피아 감독)
미국에서 진도 10.5의 강력한 대지진이 발생하여 미국의 서해안이 침몰되고 메가 쓰나미가 일어나 와이키키를 덮쳐 버린다. 러쉬모어 산이 폭발하여 지옥의 불 같은 용암을 분출하고 끓는 물이 땅에서 솟아나며 후버 댐마저 무너진다. 이렇게 지진, 화산, 홍수, 쓰나미 그리고 기상이변 등으로 국토가 황무지가 되고 설상가상으로 텍사스 단층이 갈라지며 미국 땅이 동서로 쪼개지고 만다.

1976년 7월 28일, 진도 7.8의 대지진이 일어나기 전(위)과
대지진 후(아래)의 중국 당산시

영화 '대지진(唐山大地震)'(2010년, 펑샤오강 감독)
예고편 보기

이 임박했다는 것입니다. 실제 1702년 조선에서 백두산이 폭발했는데 그 영향을 받은 일본 후지산이 1707년에 분화하였습니다.

최근 화산 전문가들의 연구에 따르면 백두산 천지에서 지진이 증가하고, 천지 주변에 암반이 붕괴되는 등 균열이 발생하여 화산 가스가 분출한다고 합니다. 그리고 천지 밑바닥에서 하루 3천㎥의 물이 솟아오르고 있으며 계란을 넣으면 금방 익을 정도의 온도라고 합니다. 한편 후지산은 지금 분화 예상주기에서 300년이 더 지났기 때문에 언제 터져도 이상하지 않은 상황입니다. 부산대학교 윤성효, 이정현 교수는 '인류 역사상 기원 후 가장 강력한 화산 폭발은 백두산 화산 폭발이다'라는 말도 했습니다. 백두산은 현재 지구상에 존재하는 화산 가운데 가장 위협적인 존재 중 하나입니다.

1970년대에 일본에서는 『일본 침몰』이라는 소설책이 나오고 같은 해에 과학적 이론에 근거해 영화도 만들어졌습니다. '일본침몰' 영화를 보면 북해도北海道부터 본주本州와 구주九州까지 쭉 이어서 지진과 화산 폭발이 연쇄적으로 일어나면서 일본이 바다 속으로 침몰합니다. 이때 배를 타고 우리나라로 피난하던 사람들이 거대한 쓰나미에 밀려서 가랑잎처럼 한순

바닷물의 수위가 1밀리미터 높아지면 해안선은 내륙 쪽으로 1.5미터 후퇴한다. 만일 해수면이 1미터 오르면 해안선은 1,500미터나 뒤로 물러나야 하는 것이다. 그런데 세계 인구의 약 37퍼센트인 20억 명이 해안가 1백 킬로미터 이내에 거주하고 있고, 인구 1천 만 명 이상의 거대 도시 19곳 가운데 13곳이 해안 지역에 위치해 있다. (조홍섭, 『생명과 환경의 수수께끼』)

해발고도 2미터 이내에 거주하는 인구는 약 20억 명이다. (캐나다 알버타대학 마틴 샤프Martin Sharp 지구대기학 교수)

백두산 대폭발의 현주소

미국의 암석학자 이아코비노의 백두산 부석 연구에 따르면, 백두산의 아황산가스 양은 필리핀 피나투보 화산의 1000배나 된다. 1991년 피나투보 화산 폭발로 세계가 3년 동안 이상기후 현상이 있었다. AD 1,000년 경 백두산이 크게 폭발했을 때 규모는 히로시마 원폭 에너지의 16만 배에 달한다. 당시 백두산 천지에서 20km 떨어진 금강대협곡까지 화산재가 50m를 덮었고 심지어 북극의 그린란드까지 화산재가 날아갔다. 1,000여 년 전에는 폭발 화산재가 대부분 일본 홋카이도와 혼슈 쪽으로 날아갔지만 만약 한반도로 날아왔다면 한반도 전체를 1~2m까지 덮었을 것으로 추정한다.

그런데 최근 중국의 보고서에 따르면 2017년 이후 백두산의 화산 가스는 증가하고 있다. 북한에서 연구한 논문에 의하면 마그마로부터 지표로 올라온 가스에 의해 나무가 죽고 있는데 고사목이 발견되는 시점에서 지진이 일어나기 시작했다고 한다. 백두산의 폭발은 주기적으로 일어나는데 마지막 분화는 1900년대에 있었다. 지금 백두산은 그 폭발 주기에 들어서있다.

간에 사라지고 맙니다. 이렇게 일본 침몰은 단지 일본의 문제만이 아니라 우리 한반도와 동남아 해안까지 직접적으로 영향을 주는 큰 문제라는 것은 하나의 상식입니다.

일본의 진언종 본각사本覺寺의 주지를 지낸 기타노 케이호(北野惠宝, 1895~1980) 대승정은 '일본 사람은 약 20만 명이 사는 반면 한국 사람은 세계에서 가장 많이 생존하며 앞으로 한국이 세계의 문화 종주가 된다'는 예언을 남겼습니다. 기타노의 예언을 나운몽羅雲夢(1914~2009) 목사가 『동방의 한나라』라는 책에 번역해 놓았습니다. 『이것이 개벽이다』를 보면 기타노의 예언뿐 아니라 선천 종교와 여러 영능력자들의 공통된 이야기, 그리고 그 결론이 잘 정리되어 있습니다.

그런데 기타노 대승정은 20만 명을 이야기했지만 보천교 때부터 신앙하신 증언자들을 제가 만나본 결과, '일본은 10만 명 정도밖에 못 산다'라는 증언을 제주도에서 들었습니다. 상제님께서는 "일본은 불로 치리니 종자도 못 찾는다."(『도전』 5:406)라고 말씀하셨습니다. 이런 말씀들을 종합해 보면, 일본이 저지른 역사의 불의 때문에 일본사람의 99%가 없어지고 만다고 할 수 있습니다.

일본의 178개 화산 중 2000년 이후 분화한 활화산은 108개나 된다. 특히 이 활화산들은 일본 열도에 열을 지어 늘어서 있는데, 해구와 평행한 위치에 분포하고 있다고 한다. 108개 화산 중 우리나라에 영향을 미칠 수 있는 화산은 27개이다.

기타노 케이호 대승정

한국은 지구상의 전체 나라 중 종주국이 되고 세계에서 가장 많은 숫자인 약 425만 명이 구원받는다. … 일본은 약 20만 명 정도 살아남을 것이다. (나운몽, 『동방의 한나라』, p.588~591)

인간개벽, 춘생추살의 엄정함

세벌 개벽으로 오는 가을개벽에서 문명개벽, 자연개벽과 함께 이제 인간개벽의 문제가 남아 있습니다. 인간으로 오신 천주 아버지께서는 진정한 성공에 대해서 "이때는 천지성공天地成功 시대니라."(도전 4:21)라고 선언하셨습니다. **천지성공이란 '천지의 뜻과 꿈을 이루는 성공'으로, 이것을 성취하기 위해서는 천지의 원 주인이신 상제님의 '판밖의 남모르는 법'인 새 진리를 공부해서 천지 사업**을 해야 됩니다. 천지의 목적을 이루는 삶을 살아야 역사의 불의도청산할 수 있으며 오늘날 전 인류의 앞에 닥친 인간개벽에서의 생사 문제와 앞으로 열릴 새 문명의 이야기를 알 수 있습니다.

인간개벽은 자연개벽과 문명개벽을 근본으로 해서 천지에서 지은 인간 농사를 추수하는 사업입니다. 그리고 이 대우주가 인간 농사를 짓는 자연의 법칙이자 불문율은 "천지의 대덕大德이라도 춘생추살春生秋殺의 은위恩威로써 이루어지느니라."(『도전』 8:62)라는 상제님의 말씀에 있습니다.

천지는 호생好生입니다. '천지대덕왈생天地大德曰生*과 '생생지위역生生之謂易'이라는 『주역』의 구절처럼 천지의 대덕은 생명을 끝없이 낳고 또 낳는 것이며 그것이 바로 변화, 즉 역易입니다. 그

천지 대자연의 대덕은 낳는 것이며, 성인의 가장 큰 보배는 그 존엄한 위격이다. 어떻게 그 위격을 지킬 수 있는가? 그것은 어짊으로만 지킬 수 있다. 무엇으로써 사람을 모을 수 있는가? 그것은 재물에 있는 것이다.
천지대덕왈생天地大德曰生 성인지대보왈위聖人之大寶曰位 하이수위왈인何以守位曰仁 하이취인왈재何以聚人曰財.(『주역周易』「계사繫辭」)

러나 가면 오고, 올라가면 내려오는 왕래진퇴往來進退와 승강昇降이 있듯이, 생장하는 양陽 운동 뒤에는 숙살肅殺 기운으로 내리쳐서 질서를 바로세우는 엄정한 음陰 운동이 있습니다. 이것이 바로 가을철의 추살 운동입니다. 천지의 대덕은 봄에 낳고 가을에는 서리발로 한 번 내려치는 것입니다. 그렇기에 우리는 천지의 엄정한 춘생추살春生秋殺의 법도에 크게 깨어 있어야 합니다.

그런데 이 우주에도 동서남북, 사정방四正方이 있습니다. 시간의 변화는 이 공간 구조와 일체로 존재합니다. 봄·여름·가을·겨울이라는 시간 변화는 동서남북의 공간 구조와 일체로 있는 것입니다. 더 자세히 살펴보면 봄은 동방, 여름은 남방, 가을은 서방, 겨울은 북방에 해당합니다. 그래서 가을의 천지 추살바람을 서풍西風, 천풍天風이라 하고, 오행으로 가을의 기운을 말하면 금에 해당되므로 금풍金風이라고도 합니다.

그리고 이 추살 바람을 주재하는 신도의 주권자이신 하나님께서 천지에서 인간 농사 지은 참 종자, 열매를 거두러 오시는 것을 우주 원리로 '서신사명西神司命'이라 하는 것입니다. 가을 개벽 철이 되면 아버지가 서신사명으로 오시고, 어머니 하나님

우리 말을 살펴보면 서풍西風을 유독 '하늬바람(하늘바람)'이라 한다. 하늬바람에서 '하늬'는 어원적으로 '하늘(하늘)'이다. '하늬'는 '하(다)+ ㄴ + 의'로 분석되며 '큰'을 뜻하는 말인데 점차 뜻이 분화되어 서쪽을 의미하는 말이 되었다. 중국에서도 서풍이나 북서풍을 천풍天風 즉 하늘바람이라 한다. (『우리말 어원사전』)

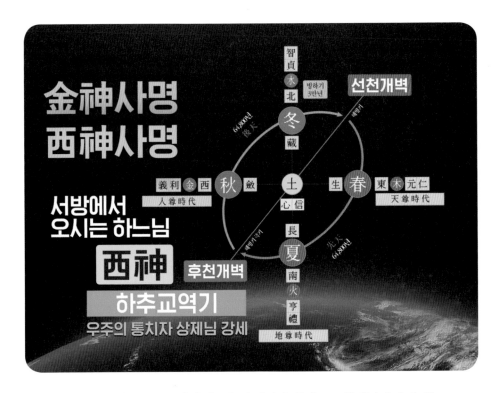

은 수부사명으로 오십니다. 수부란 '머리 수首 자'에 '지어미 부
婦 자'로, 수부님은 천지의 인간과 신명의 큰 어머니입니다. 아
버지 하느님이 오실 때 아버지만 오시는 것이 아니라, 어머니도
함께 오시는 것입니다. 선천 종교는 상생의 후천으로 가는 과
도기 문화에서 나온 것이기 때문에 이런 가르침은 서교에서도
나올 수 없는 신관입니다. 따라서 인간으로 오신 천주 아버지,
상제님의 가을개벽의 도법에서 '서신사명 수부사명'이야말로
진리의 암호판인 것입니다.

가을에 열매를 맺는 정신은 뿌리로 돌아가는 것입니다. 한
그루의 나무를 보아도 줄기가 쭉 뻗어서 좋은 열매를 맺으려
면 뿌리가 강해야 합니다. 마찬가지로 사람도 자식이 그 부모
를 닮는 것처럼 조상의 음덕陰德으로 좋은 열매를 맺게 되는 것

입니다. 그래서 **가을철에는 각자의 뿌리를 찾아야 생존**할 수 있습니다. 지금 천상의 모든 조상신들이 쓸 자손 하나를 건지려고 60년을 기도해도 못 타내는 조상이 부지기수입니다. 그래서 진정한 원시반본의 도법은 아무리 힘들고 괴로운 일이 있어도 감사하는 마음과 보은報恩의 도를 바탕으로 부모와 조상을 잘 섬기는 것입니다.

60년 공덕을 들이는 천상 선령신

하늘이 사람을 낼 때에 무한한 공부를 들이나니 그러므로 모든 선령신先靈神들이 쓸 자손 하나씩 타내려고 60년 동안 공을 들여도 못 타내는 자도 많으니라.

이렇듯 어렵게 받아 난 몸으로 꿈결같이 쉬운 일생을 어찌 헛되이 보낼 수 있으랴. 너희는 선령신의 음덕을 중히 여기라. 선령신이 정성 들여 쓸 자손 하나 잘 타내면 좋아서 춤을 추느니라.

너희들이 나를 잘 믿으면 너희 선령을 찾아 주리라.

태을주를 많이 읽으라. 태을주는 선령 해원 주문이니라. (『도전』 2:119)

앞으로 후천이 되면 모든 조상이 내려와서 자손들과 같이 살게 됩니다. 또 천 년씩 살 정도로 사람의 수명이 늘어나기 때문에 자손은 하나지만 살아있는 할아버지는 여럿이 되는 세상이 됩니다. 이렇듯 『도전』을 보면 말할 수 없이 장대하고 황홀한 후천선경의 풍광이 그려져 있습니다.

난은 병란이 크니라

상제님께서는 인간개벽에 대해서 '앞으로 지구촌에 큰 전쟁이 날 만하면 그 전쟁을 마무리 짓는 병란病亂이 있다. 그래서 난은 병란이 크다'고 하셨습니다. 우주의 하추교역기에 오는 병란은 지구촌의 모든 전쟁과 분쟁을 막는 역할도 하지만, 나아가서 선천 상극의 역사를 완전히 종결짓습니다. 앞으로 남북한의 마지막 상씨름 전쟁과 전 세계를 3년 동안 휩쓸 병란이 올 때는 과연 언제일까요? 상제님의 천지공사에 의해 그 시간이 정해져 있기 때문에 『도전』을 통해 확인해보시길 바랍니다.

『도전』을 보면 병란 상황에 대해 '장차 이름을 알 수 없는 괴질병이 천하를 3년간 굽이치는데 그때 살려달라고 울부짖는 소리가 천지에 사무치고 자식이 지중하지만 손목을 잡을 겨를이 없고 신발 돌려 신을 정신도 없다. 선반에 있는 약을 내려 먹을 시간도 없다'는 등 별의별 말씀이 다 실려 있습니다. 그리고 병란이 오기 전에 경계령이 먼저 오는데, 그것이 바로 시두時痘 대발입니다. 상제님의 공사 말씀에 대한 답사를 계속하다 보니, 실제로 시두가 어디에서 어떻게 오는지 증언을 들을 수 있었습니다.

인간으로 오신 상제님께서 가을 우주, 후천 세상인 새 판을 열어 놓으시고서 '내가 낸 이 법이 진법眞法이다'(도전 2:132), '너희는 오직 의통醫統을 알아두라'(도전 7:33)고 말씀하셨습니다. 그래서 이 **의통과 태을주太乙呪를 전수받는 것이야말로 도솔천의 조화 부처님이자 구원의 부처님이신 미륵불의 도법을 받아 후천 선경세계로 넘어가는 진리의 핵심입니다.** 이렇듯 인간개벽에서 가장 중요한 것은 병란을 극복하는 수행입니다. 그러면 왜 사람 농사를 추수하는 인간개벽기에 천지조화 태을주를 읽어야 하는지 알아보겠습니다.

다가오는 가을 대개벽의 총체적 상황

장차 서양은 큰 방죽이 되리라. 일본은 불로 치고 서양은 물로 치리라. 세상을 불로 칠 때는 산도 붉어지고 들도 붉어져 자식이 지중하지만 손목 잡아 끌어낼 겨를이 없으리라.

앞으로 세계전쟁이 일어난다. 그 때에는 인력으로 말리지 못하고 오직 병이라야 말리느니라. 동서양의 전쟁은 병으로 판을 고르리라.

난은 병란病亂이 크니라. 앞으로 좋은 세상이 오려면 병으로 병을 씻어 내야 한다. 병겁이라야 천하통일을 하느니라. (『도전』 2:139)

괴병이 돌 때의 상황

이 뒤에 괴병이 돌 때는 자다가도 죽고 먹다가도 죽고 왕래하다가도 죽어 묶어 낼 자가 없어 쇠스랑으로 찍어 내되 신 돌려 신을 정신도 차리지 못하리라.

병이 여기저기서 정신없이 몰아 올 적에는 '골치 아프다.', '배 아프다.' 하면서 쓰러지나니 여기서 죽고 나면 저기서 죽고, 태풍에 삼대 쓰러지듯 척척 쌓여 죽는단 말이니라.

그 때는 문중에 한 사람만 살아도 그 집에 운 터졌다 하리라. 산 사람은 꿈에서 깬 것같이 될 것이다.

(『도전』 7:36)

가을개벽 전 시두가 대발한다

"시두손님인데 천자국天子國이라야 이 신명이 들어오 느니라. 내 세상이 되기 전에 손님이 먼저 오느니라. 앞 으로 시두時痘가 없다가 때가 되면 대발할 참이니 만일 시두가 대발하거든 병겁이 날 줄 알아라.

그 때가 되면 잘난 놈은 콩나물 뽑히듯 하리니 너희들 은 마음을 순전히 하여 나의 때를 기다리라." 하시니라.

(『도전』 7:63)

천주님께서 완성해 주신 주문, 태을주

현대문명사의 출발점은 바로 천주님께서 자작自作하신 주문 인 시천주주입니다.

그리고 지난 1만 년간 인류 문화 속에서 추구한 깨달음에 대 한 영원한 근본 주제는 태일太一입니다. 그리고 천주님께서 직 접 이 태일의 도를 완성해 주셨는데, 바로 그것은 김경수라는 분이 50년 동안 밤낮으로 천지에 기도하고 수행을 해서 천상 으로부터 받아 내린 태을주입니다. 그렇기 때문에 가을개벽기 에는 천주님께서 완성해 주신 태을주를 읽어야 되는 것입니다. 『도전』에는 태을주에 대한 상제님 말씀이 많이 있습니다.

태을주로 천하사람을 살린다

태을주太乙呪로 천하 사람을 살리느니라.

병은 태을주라야 막아내느니라.

태을주는 만병을 물리치는 구축병마驅逐病魔의 조화주라.

만병통치萬病通治 태을주요, 태을주는 여의주니라.

광제창생廣濟蒼生, 포덕천하布德天下하니 태을주를 많이 읽으라.

태을주는 수기水氣 저장 주문이니라.

태을주는 천지 어머니 젖줄이니 태을주를 읽지 않으면 다 죽으리라.

태을주는 우주 율려律呂니라. (『도전』 2:140)

태을주는 새 생명을 구하는 녹표

태을주는 후천 밥숟가락이니라.

태을주는 오만년 운수 탄 사람이나 읽느니라. (『도전』 7:73)

상제님께서는 이 태을주를 100여 년 전에 안내성安乃成(1867~1949) 성도에게 전수하셨습니다. 그런데 『도전』 5편 263장에 나오는 태을주 전수 공사 내용을 보면 사실은 상제님께서 안내성 성도에게 300냥을 대신하여 엽전 300닢을 천지에 녹

侍天主造化定 永世不忘萬事知 至氣今至願爲大降

시천주조화정영세불망만사지 지기금지원위대강

으로 바치게 하시고 태을주를 파셨습니다. 태을주 공부에는 상제님의 도통맥 전수가 들어 있습니다. 그렇기 때문에 상제님의 이 공사는 안내성 성도와 안내성 성도가 상징하는 '상제님의 천지공사를 성사재인하는 주인공'에게 태을주의 우주조화 도권道權을 내려 주신 것입니다. 이렇게 **태을주는 그 자체로 대우주의 진리와 성령의 원 중심이자 절대 근원입니다.** 따라서 우리가 환국·배달·조선의 황금시절의 잃어버린 역사와 문화 정신을 알 때 비로소 태을주의 정신을 제대로 알 수 있습니다.

그런데 이 태을주를 정말 오랜 세월 일심으로 읽는 분이 계신데 바로 제주도에 사는 김선탁金善卓이라는 분입니다. 이분은 10대 시절 4.3사태를 겪었는데 그때 창으로 옆구리 찌르는 등, 사람을 너무 잔혹하게 살해하는 장면을 보고 구토를 하고 몸이 얼어붙어서 발작을 할 정도로 큰 충격을 받았다고 합니다. 그 뒤로 계속 숨을 제대로 못 쉬었는데, 상제님 도를 만난 후 태을주를 읽으면서 점차 치유되었다고 합니다. 처음 수행할 때 동굴에 들어가서 3년 동안 한 번도 밖으로 나오지 않고 일심으로 주문을 읽었다고 합니다. 지금도 증산도 태을궁太乙宮에 와서 수도할 때, 86세인데도 자세 한 번 흐트러지지 않고 밤새워 주문을 읽으시는데 정말 대단합니다. 이제는 철성鐵性이 되어서 매일 아침 트럭을 몰고 바닷가에 가서 한두 시간 또는 두세 시간 정도 태을주를 읽는다고 합니다.

그런데 천지조화天地造化 주문인 태을주 수행에는 정공靜功과 동공動功이 있습니다. 지금까지 모든 수행법은 몸을 움직이지

김선탁 옹 우리 도道에서 대신력大神力 공부를 할 네 사람을 뽑았어요. 남자 둘하고 여자 둘이 3년 동안 하기로 했는데 3년을 끝마친 사람이 나 한 사람밖에 없었어요. 그리고 난 스물다섯까지도 못 산다고 할 정도로 원래 몸이 아주 약했습니다. 제주 4.3사건 당시에 공포증이 생겨서 늘 불안하다 보니까 나중에는 호흡이 가빠서 걷지를 못할 정도였어요. 그런데 수련받은 것이 도움이 상당히 된 것 같아요.

그 후에 또 수련할 때는 김 선생님과 함께 했어요. 그 어른하고 둘이서만 굴 속에 들어가서 108일 도수로 수행했어요. 일본 시대 때 판 산 굴이었는데 제일 깊은 중심지까지 들어갔어요. 거기서는 바깥이 어둡고 밝은 걸 모를 정도예요. 그래서 그냥 밤낮 주문을 읽은 거죠. 주로 태을주 위주로 수행했습니다. 거기서 108일 하고 나와서 또 들어가서 36일 동안 했어요.

종도사님 그때 수도해서 몸이 체질적으로 변화가 된 거죠? 병이 없어졌어요?

김선탁 옹 제가 지금까지 살아있으니까 변화된 거죠. 지금도 주문을 한두 시간 안 읽는 날이 없습니다.

철야 태을주수행
김선탁 성도(86세)

김선탁 옹

않고 가만히 앉아서 하는 정공이 근본이었습니다. 그러나 정공만으로는 가을개벽을 극복할 수가 없기 때문에 이제는 몸을 움직이면서 하는 동공을 중심으로 해야 합니다. 동공은 일반적으로 도공道功이라고도 하는데, 주문을 읽는 템포가 빠르고 역동적입니다. 증산도 도장을 방문해서 태을주의 정공과 동공 수행법, 그리고 가을개벽의 실제상황을 극복할 수 있는 의통법을 온전히 전수 받으시길 바랍니다.

수행의 놀라운 효과

상제님의 천지공사의 최종 결론은 '의통 전수와 태을주 천지조화 공부'입니다. 그러면 사람은 왜 수행을 해야 될까요?

상제님께서는 **"도道를 잘 닦는 자는 그 정혼精魂이 굳게 뭉쳐서 죽어서 천상에 올라가 영원히 흩어지지 아니하나 도를 닦지 않는 자는 정혼이 흩어져서 연기와 같이 사라지느니라."**(도전 9:76)라고 말씀하셨습니다. 한마디로 수행을 하지 않으면 영체가 한순간에 없어져서 영원히 없어진다는 말씀입니다. 그렇기에 영체의 영속적인 삶을 위해서 우리는 반드시 도를 닦아야 됩니다.

인간의 모든 병의 원인은 우리 몸에서 매일 생리적으로 생겨서 오장육부에 누적되는 담痰입니다. 『동의보감』에는 담을 17가지로 구분했습니다.

동의보감의 17가지 담

음병飮病	유음留飮, 벽음癖飮, 담음痰飮, 일음溢飮, 유음流飮, 현음懸飮, 지음支飮, 복음伏飮
담병痰病	풍담風痰, 한담寒痰, 습담濕痰, 열담熱痰, 울담鬱痰, 기담氣痰, 식담食痰, 주담酒痰, 경담驚痰

가래와 담의 차이

가래	담
담의 한 범주인 객담을 의미한다. 폐, 기관지에서 분비되며 정상인은 하루 100ml를 분비한다.	진액이 열을 받아서 생긴 것으로 온몸에서 발생한다. '모든 질병은 담 때문에 생긴다'는 십병구담十病九痰이란 말이 있다.

우리가 태을주를 읽으며 수행하면 그날 축적된 담을 목을 통해 자연적으로 쏟아내게 됩니다. 우리 몸에 담이 축적되면 장부가 상하고 썩게 되기 때문에 결국 모든 질병은 담 때문에 생기는 것입니다. 담을 뱉어내지 못한 사람은 나중에 기도氣道가 막혀 숨을 못 쉬어서 죽게 되는 것이기 때문에 맑은 몸과 마음을 가지고 살기 위해서라도 우리는 반드시 생리적으로 쌓이는 담을 그날그날 토해내야 됩니다. 그래서 우리는 수행을 해야 되는 것입니다.

요즘은 미국에서도 이러한 수행의 놀라운 효과를 알기 때문에 메디테이션meditation(명상) 또는 수행 문화에 대한 정신혁명이 일어나고 있습니다. 미국의 일부 초등학교, 중학교와 육군사관학교에서는 수행을 필수로 가르치고 있습니다.

미국에서 불고 있는 수행 열풍

미국의 학교에서 유행하는 명상이 학생들을 변화시키고 있다. 볼티모어의 로버트 콜맨Robert Coleman 초등학교에서는 아이들을 체벌하는 대신 '명상의 방'으로 보내도록 교칙을 바꿨는데 이후 아이들의 행동이 눈에 띄게 좋아졌다고 한다.

또 샌프란시스코에서 살인사건과 마약으로 상당히 문제가 많은 지역에 있는 비시타시온 밸리Visitacion Valley 중학교는 2007년에 미국 공립학교 가운데 처음으로 '침묵의 시간'이라는 명상 프로그램을 도입하여 큰 효과를 보았다. 처음엔 효과가 있을지 반신반의했던 드리스콜 교사는 "학생들이 더 행복해 보인다. 공부도 더 열심히 하고, 집중력도 좋아져서 가르치기가 수월해졌다. 아이들이 교내에서 싸우는 빈도가 급격하게 줄었다."라며 수행이 가져온 변화에 놀라워했다. 이렇게 침묵의 시간을 도입한 후 비시타시온 밸리 중학교의 정학률은 45%로 낮아지고 2009년~2010

수행하고 있는 로버트 콜맨 초등학생들

년의 학교 출석률은 98%로 올라갔다. 그리고 이전에 한 명이 들어갈까 말까 하던 지역의 명문 로웰 고등학교에, 명상 프로그램을 도입한 후에는 졸업생의 20%가 입학하였다. 또 캘리포니아주 교육부에서 진행한 학생 건강 조사에서 비시타시온 중학교 학생들의 행복지수는 놀랍게도 샌프란시스코에서 가장 높았다.

그리고 100년이 넘는 전통을 자랑하는 버지니아 사관학교에서는 후보생들이 정신을 단련하여 훌륭한 군인이 될 수 있도록 명상수행 강의를 개설했다. 버지니아 사관학교 심리학과 젤맨 박사는 "진정한 전사는 공공의 이익을 위한 변화를 창조해 나가는 사람이라 생각한다. 그런 전사가 되기 위해 육체적으로나 정신적으로나 훈련이 필요하다. 수행은 후보생들이 두려움과 스트레스에 휩쓸리지 않고 효과적으로 대응하게 해 준다."라고 설명했다.

수행하고 있는 비시타시온 밸리 중학생들

텔로미어는 염색체 말단 부위에 존재하는데 염색체의 손상과, 근접한 다른 염색체와의 융합으로부터 염색체를 보호하는 역할을 한다. 텔로미어의 길이는 보통 매우 길기 때문에 복제가 여러 번 반복되어도 여전히 많이 남아 있다. 하지만 수명이 긴 진핵 생물의 경우 세포분열이 반복될수록 텔로미어는 점점 짧아져서 결국 소실된다. 텔로미어의 손실은 세포노화 등을 유발하는 원인이 된다. 따라서 세포는 텔로미어의 소실을 막기 위해 텔로미어의 길이를 늘이는 텔로머레이스라는 역전사逆轉寫 효소를 갖고 있다.

서양에서는 수행의 효과에 대해 크게 세 가지를 말합니다. 그 중 두 가지는 '수행을 하면 우리 몸속의 유전자가 활성화된다'는 것과 '바이러스나 세균 감염에 대한 걱정이 없어진다'는 것입니다.

그리고 또 한 가지 수행의 놀라운 효과는 텔로머레이스telomerase라는 효소를 증가시켜 노화에 영향을 주는 텔로미어telomere*를 늘린다고 합니다. 이처럼 수행은 자가치유의 항상성을 높여줍니다.

미국 경제전문지인 「포브스Forbes」에서 뽑은 '세계에서 가장 영향력 있는 유명인사 100명' 중 한 명인 오프라 윈프리Oprah Winfrey(1954~)는 하버드대 의학박사인 디팍 초프라Deepak Chopra와 함께 방송국을 만들어 21일 수행 프로그램을 개발했습니다. 그런데 그 프로그램에서도 태을주의 '훔吽' 사운드로 메디테이션

오프라 윈프리와 디팍 초프라의 21일 수행 프로그램 사이트

을 하고 있습니다. 또 패트리샤 캐링턴Patricia Carrington은 『The Book of Meditation』이라는 책에서 '명상 시 뇌의 좌반구와 우반구가 서로 동조하여 뇌의 모든 부분이 조화되고 함께 진동한다'고 했습니다.

이렇게 수행을 하면 놀라운 현상이 우리 뇌에서 일어나서 불안이 해소되고 자신감이 생겨서 영성이 맑아지고 진정한 행복감을 느끼게 되는 것입니다. 그러나 자기 스스로 수행을 해서 체험을 해 봐야 수행의 필요성을 잘 알 수 있습니다. 수행을 하면 대우주의 신비와 조화, 그리고 생명력이 전부 내 몸과 마

수행의 세 가지 효과

1. 정신건강이 크게 호전되고, 유전자 활성이 이로운 방향으로 바뀌며 방어적 스트레스와 면역반응에 관련된 유전자 활성이 억제되었다.

2. 바이러스 감염과 상처 치유에 관련된 유전자 활성이 두세 배가량 변화되었다. 또 알츠하이머병의 위험률에 관련된 유전자의 이로운 변화도 감지되었다. 명상을 하면 바이러스 감염을 겪을 일이 별로 없다는 뜻이다.

3. 동시에 상처를 치료하거나 다치는 경향에 대한 우려가 더 적다는 뜻이기도 하다. 가장 놀라운 결과는 명상 집단에서 텔로머레이스의 항노화 활성이 급격히 증가했다는 점이다.

(디팍 초프라·루돌프 탄지, 『슈퍼유전자』)

디팍 초프라Deepak Chopra (1946~ , 하버드대 의학박사)

음의 생명 회로 속에 그대로 축적되어 있음을 알 수 있습니다. 인생의 행복 지수를 높이는 데 꼭 돈이 드는 것은 아닙니다.

천하를 건지는 공부, 태을주 수행

그런데 상제님께서는 개벽기에 태을주를 읽는 것이 '사람 살리는 공부'라고 하셨습니다. 또 '대장부가 천하창생을 건지는 공부를 해야지, 저 혼자 도통을 하려고 하는 것은 헛공부'라고도 말씀하셨습니다.

이렇게 **태을주의 우주 사상은 모두 크게 하나 되는 태일太一의 도**입니다. 인간으로 오신 천주 아버지, 성부님께서 역사의 새 희망인 태일의 도를, 오선위기 도수로 세계 정치질서의 중심핵이자 남북분단의 경계선인 삼팔선에 걸어 놓으셨습니다. 이것이 해체되는 순간, 인간과 신을 포함한 우주의 모든 생명이 한마음으로 거듭나게 됩니다. 따라서 우주 가을개벽으로 탄생하는 새 역사와 구원의 비밀 코드가 태일의 도에 걸려 있습니다. 태일이야말로 대우주의 생명과 깨달음의 역사에서 핵심 진리이자 천주님이 완성해 주신 천지조화 태을주 정신의 결론 주제인 것입니다.

다가오는 인간개벽에서 가장 중요한 것은 우리가 그동안 어둠 속에서 살아왔다 할지라도, 용서받을 수 없는 큰 영혼의 죄를 지었다 할지라도 묵은 기운을 모두 떨쳐내고, 진정으로 자기 자신을 용서하는 것입니다. 그리고 남아있는 소중한 삶을 제대로 살아가기 위해서, 또 가정과 조상님, 인류를 위해 가을철의 우주 열매 진리로 참된 자아, 진아眞我를 세우는 것입니다.

이곳이 제왕지지니라

상제님께서 얼마를 더 가시다가 문득 한 자리에 멈추어 서시더니 오른발로 땅을 힘껏 세 번을 구르시며 큰 소리로 외치시기를 "이곳이 제왕지지帝王之地니라! 여기서 왕이 나온다! 장차 여기에서 전무지후무지법前無知後無知法이 나오리라. 태전을 집을 삼고 인신합덕을 하리니 태전이 새 서울이 된다." 하시고 또 말씀하시기를 "오로봉전이십일五老峰前二十一이 아니라 오로봉전태전이니라." 하시니라.

이 때 상제님께서 글 한 수를 읽어 주시니 이러하니라.

萬國活計南朝鮮이요 淸風明月金山寺라
만 국 활 계 남 조 선   청 풍 명 월 금 산 사

文明開化三千國이요 道術運通九萬里라
문 명 개 화 삼 천 국   도 술 운 통 구 만 리

만국을 살려낼 활방은 오직 남쪽 조선에 있고
맑은 바람 밝은 달의 금산사로다.
가을의 새 문명은 삼천 나라로 열려 꽃피고
도술 문명의 대운은 우주 저 끝까지 통하리라.

(『도전』5:306)

전라도 고부군(現 정읍시) 우덕면 객망리, 이 땅에 인간으로 오신 증산 상제님께서는 "만국활계남조선이요 청풍명월금산사라. 문명개화삼천국이요 도술운통구만리라."라고 하셨습니다. 이 말씀처럼 가을 천지개벽은 천주 아버지의 손길에 의해서 삼계우주가 거듭나는 대 사건입니다.

그러기에 오늘 이 자리에 함께하신 분과 앞으로 상생방송으로 시청하실 분, 나아가 지구촌에 살고 있는 모든 분이 '지금은 여름에서 가을로 바뀌는 우주의 환절기'라는 것을 깊이 자각하시길 축원합니다. 그리고 진리의 눈동자이자 우주관의 결정판인 우주 1년 이야기를 제대로 공부하고 후천 5만 년의 새 진리 원전인 『도전』을 신명나게 정독 보시길 바랍니다. 아울러 인류가 학수고대해 온 지상 선경낙원, 후천 5만 년 세상이 비

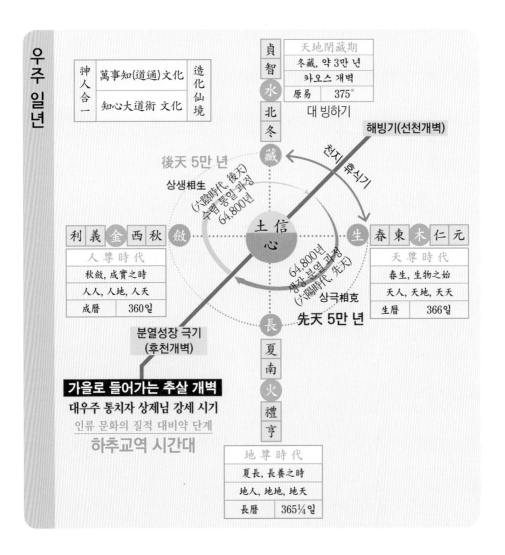

로소 활짝 열리는 이 개벽의 관문에서 항상 태을주를 염념불망念念不忘 읽으시길 바랍니다. 증산도 도장을 방문하시면 태을주를 비롯해서 상제님께서 전해 주신 열 가지 주문을 체계적으로 전수 받아 함께 수행하고 진리를 공부할 수 있습니다. 크게 하나 되는 태일의 도로 함께 수행하면 그 기운이 백 배, 천 배 더 강해집니다.

등잔 밑이 어둡다고, 그동안 우리가 우리 역사와 문화에 관심이 적고, 남의 정신으로 살아오기도 했습니다. 그래서 9천 년 역사의 최종 결론인 참동학 증산도, 상제님께서 인간으로 오셔서 열어 주신 무극대도 증산도를 늦게 만난 것을 한스럽게 생각하시는 분도 많이 보았습니다.

그러나 상제님께서 "삼생三生의 인연이 있어야 나를 따르리라.", "선령의 음덕으로 나를 믿게 되느니라."(도전 2:78)라고 말씀 하셨듯이, 우리는 소중한 인연으로 상제님 도를 드디어 만나게 된 것입니다. 그렇기에 우리는 "너희는 매사에 일심하라. 일심하면 안 되는 일이 없느니라."(도전 8:57)라고 하신 상제님 말씀대로 희망을 가지고 일심一心으로 우리 역사와 문화를 제대로 찾고 1만 년 깨달음의 진정한 대도, 증산도에 깊은 관심을 가지고 상생방송을 많이 사랑해 주시기 바랍니다. 감사합니다.

천주님이 전해 주신 열 가지 주문

① 태을주 ② 시천주주 ③ 오주 ④ 절후주 ⑤ 운장주
⑥ 갱생주 ⑦ 칠성경 ⑧ 진법주 ⑨ 개벽주 ⑩ 천지볼주

참석 후기

황아영(학생): 이번에 개벽문화 북콘서트 말씀을 들으면서 우주에도 1년이 있다는 것을 알게 되고, 지금은 우주의 여름에서 가을로 넘어가는 가을개벽기란 것을 알게 됐어요. 그리고 인생의 목적이 하느님을 만나는 것이란 걸 알게 되어서 감동받았어요.

한병성(남부대학교 교수): 전라북도가 동학의 발상지, 근거지이고 또 백제문화권의 뿌리라고 볼 수 있는데, 그런 것을 종합적으로 해석해 주셔서 좋았습니다. 북한과 한국이 지금 화해 무드로 가는 것 같은데 그 내막에 깊이 숨어있는 부분을 일깨워 주신 것 같습니다. 그리고 자연개벽이 먼저 와야 인간개벽도 된다는 것을 깨닫게 되었습니다. 종도사님께서도 말씀하셨다시피 너와 나, 잘난 사람, 착한 사람 구분 없이 자연재난이란 것은 일시에 닥치는 자연적 현상이고 우리 인간은 속수무책이기 때문에 '깨어나야 되는구나, 새로운 시각에서 봐야 하겠구나'라는 생각이 들어 너무 좋았습니다.

김종남(한국복지사이버대학 외래교수): 오늘 개벽문화 북콘서트는 정말 감흥이 깊었는데요, 사실 군산은 병겁이 시작되는 곳이라 해서 많은 관심을 갖고 왔습니다. 올 때는 약간 무거운 마음으로 왔어요. 그런데 오늘 강의 내용 중에서 앞으로 닥쳐올, 그리고 현재도 있는 여러 가지 문제들, 기후변화라든가 우리 인류가 맞이해야할 환란을 극복하기 위해 우리 스스로 함께 마음을 합쳐서 상생의 길로 가야한다는 메시지는 전 세계 인류에게 꼭 필요한 주제가 아닌가 생각됩니다. 밝은 마음으로 돌아갑니다. 감사합니다.